高校体育教学
与训练研究

姚瑶 著

延吉·延边大学出版社

图书在版编目（CIP）数据

高校体育教学与训练研究 / 姚瑶著. -- 延吉 ： 延边大学出版社，2024. 9. -- ISBN 978-7-230-07159-8

Ⅰ. G807.4

中国国家版本馆 CIP 数据核字第 2024QW7535 号

高校体育教学与训练研究

著　　者：姚　瑶
责任编辑：朱秋梅
封面设计：文合文化
出版发行：延边大学出版社
社　　址：吉林省延吉市公园路 977 号
邮　　编：133002
网　　址：http://www.ydcbs.com
E-m a i l：ydcbs@ydcbs.com
电　　话：0433-2732435
传　　真：0433-2732434
发行电话：0433-2733056
印　　刷：三河市嵩川印刷有限公司
开　　本：787 mm×1092 mm　1/16
印　　张：9.75
字　　数：191 千字
版　　次：2024 年 9 月　第 1 版
印　　次：2025 年 1 月　第 1 次印刷
ISBN 978-7-230-07159-8

定　　价：88.00 元

前　言

　　体育教学主要是指教师为更好地实现教学目标与教学任务，在课堂内采用较为常规的教学手段提升学生对体育技能掌握水平的过程。在体育教学过程中，教师主要采用与学生合作的方式，这样可以使学生更好地掌握运动中的各项技能，并切实提升其身体素质，让学生为日后工作和学习积累更多的经验。运动训练作为高校体育教学的重要内容，主要是由教师指导学生开展规范性的体育训练，以提升学生的身体素质与运动技巧，使学生获得更好的体育成绩。在开展运动训练活动期间，学生需要通过大量的运动增强自身身体机能，教师要针对学生身体素质的差异性，制订出更加适宜的运动训练方案，为学生能够获得更好的体育成绩做好充分的准备工作。

　　本书是体育教学方面的书籍，主要研究高校的体育教学与训练。本书从高校体育教学与运动训练两方面进行论述：一方面，阐述了高校体育教学的相关理论，介绍了高校体育教学的模式、设计、内容与方法；另一方面，分析了高校体育运动训练与专项身体素质的原理及方法，并对高校体育训练的水平提升与科学运动训练实践提出了一些建议。本书结构严谨、内容翔实，对高校开展体育教学与训练的研究有一定的参考意义。

　　为了确保研究内容的丰富性和多样性，笔者在写作过程中参考了大量文献，在此向涉及的专家学者表示衷心的感谢。

　　最后，限于笔者水平，本书难免存在一些不足，在此恳请读者朋友批评指正！

目　　录

第一章 高校体育教学概述

第一节 高校体育教学的性质、特点、价值与目标

一、高校体育教学的性质与特点

高校体育教学是一门以大学生身体训练为主要手段，通过合理的体育教育和科学的体育锻炼，达到增强学生体质、保障学生身体健康、提高学生体育素养目的的课程。它是高校课程体系的重要组成部分，是高校体育工作的中心环节，是实施素质教育和培养全面发展人才的重要途径。

（一）高校体育教学的性质

高校体育教学具有身体训练和思维活动相结合；以户外环境为主，强调使学生身体的时空感觉得到发展；实现机体的自我体验与操作等多种特征。此外，高校体育教学活动是一种需要教师与学生同时参与的双边活动。那么，保证师生双边活动顺利开展的重要桥梁就是身体训练。然而，如果仅仅将身体训练认定为师生双边活动的媒介是不够准确的。

对于动物而言，它们的身体也存在各种练习活动。虽然经过驯养的动物，具有相对高超的运动技术，但是，动物的运动行为和人的运动练习行为也是不同的。动物只是拥有单纯的运动行为，而人的运动练习行为会包含两方面内容，即身体的练习与大量的思维活动。如果将体育教师与学生的双边活动理解为单纯的身体练习，就很容易形成体育学科地位较低的思想观念。此外，在开展其他学科教学活动的过程中，教学的内容主要

是知识和技能，但是对于体育学科而言，身体练习并不是知识，也不是技能，这一词汇代表的是一个过程。所以，相对于身体练习而言，运动技术更加准确。

由于运动技能是知识与技术的中间形态，因此要从操作技能的概念及其形成的层面来解析运动技能。所谓操作技能，主要是指一种合乎法则的，通过学习活动而形成的活动方式。一般来讲，操作技能包含多个特征，而这些特征也是与其他事物本质相比存在差异的地方，常常被称为"概念的种差"。具体解释如下：

第一，合乎法则。该种差与一些日常生活中的随意运动是存在一定不同的。

第二，通过学习获得。该种差与其他的人体本能行为是有区别的。

第三，活动方式。该种差与知识是存在差异的，主要是因为知识为活动的开展明确了方向。

对于活动而言，技能具有控制执行的作用。操作技能的重要分支之一就是运动技能。运动技能的形成主要包括：认知动作的阶段、练习动作的阶段和完善动作的阶段。其中，认知动作的阶段，与教学的媒介之间有着十分密切的联系，其最终目的是认识活动操作的要素、关系与结构等。运动技术可以看作一种"知识"，这是由于知识是事物联系与属性的组织和信息。即便在没有人掌握它的时候，运动技术就已经客观存在了，它是人类文化知识的重要组成部分之一，是前人积累下来的宝贵运动文化。

然而，如果将运动技术解读为知识，就会使它与本来的知识和技能的概念重复，出现两个知识和技能的概念，这显然逻辑不通。所以，在表述的过程中，应该使用另一个词语，采用运动的本体与动作的概念是很恰当的。也就是说，从动作概念的角度了解动作技术，就能够将运动技术解析为"运动操作知识"。例如，在田径、体操、游泳等运动中，如果能够学会、掌握这些运动技术，就能够促进运动技能的形成。

从上述的分析中可以得知，在本质上，高校体育教学就是运动技术教学，再具体一点，就是运动操作知识教学。只有当学生学会了运动操作知识，运动技能才能形成。

高校体育教学是高等教育的重要组成成分，随着社会、经济的发展变化，国家提出了"健康中国"的理念，倡导人们健康生活，特别是要注重学生的身心健康。因此，高校体育教学的本质也随之改变，一方面，高校体育教学要传授给学生运动技术，另一方面，要对学生展开心理健康教育。高校体育教师要围绕学校体育的目标和"健康中国"的要求，以实现"健康中国"为诉求，针对学生的身体素质、心理健康，有效实施体育教学，从而有计划地提高学生的身体素质、运动技术和心理素质，确保学生形成较强的社会适应能力。教师要积极拓展学校体育运动项目，让高校体育教学在课程设置、课时安排等方面更好地适应"健康中国"的要求，有计划、有组织、有目的地培养学生的体育兴趣、爱好，培养学生顽强拼搏、团结合作，为集体争光的集体荣誉感，提高学生的道德品质与意志品质，从而助力"健康中国"建设。

（二）高校体育教学的特点

高校体育教学与一般文化课教学相比，共同点是都属于师生共同参与的教和学的双边活动，教师向学生传授一定的知识和技能，并对学生展开思想品德教育，以提高学生的能力。同时，高校体育教学也有自身的特点。具体如下：

1.运动知识传承的可操作性

体育运动知识指的是身体知识，这一点也是体育运动与其他学科相比最显著的差异。值得注意的是，这种身体知识不仅是人类知识发展过程中特殊认识的一种，还是人们由追求自然外部知识逐渐向探索人体内部知识转移的结果，更是一种面向人类本体、人类本身与人类自我的挑战。

现阶段，教育界对学生的主体性地位给予了充分的肯定与重视，而这样对人类自我知识的再度追求不仅体现了高校体育教学的特殊性，还使高校体育教学具有了传承知识的重要意义。从这个角度来讲，高校体育教学是对身体知识的传承。身体知识是一种能够使人类自身感觉真正回归的知识，也是一种科学知识，只是之前人们没有发现这种知识的重要性。可以想象的是，这种知识在未来肯定会受到人们的广泛认可与关注，并能够在人们身心健康的相关研究中被广泛应用。

2.体育教学过程的直观形象性

体育教学的过程具有鲜明的直观形象性。例如，对于体育教师而言，讲解时需要使用有趣、贴切、形象生动的语言，艺术性地加工所要传授的知识，将语言简单化，加深学生对教学内容的理解。同时，体育教师需要应用特殊的演示形式，如动作示范、优秀学生的示范、学生正误对比示范、人体模型、动作图示、教学模具等，直观形象地展示动作，学生可以通过感官感知这些动作，并建立清晰的、正确的运动表象。通过直观的动作演示，学生能够将表象与思维紧密联系在一起，从而达到掌握体育知识与体育技能的目的。

高校体育教学管理与组织的过程也体现了直观形象性。学生的行为都是直接的、外显的和可观察的，所以，体育教师的一言一行都发挥着榜样的作用。在无形中，学生的身心得到教育，进而直接地、真实地表现在课堂上，尤其是在学习运动的过程中，学生会将其最为真实的一面通过一言一行表现出来，此时是体育教师观察、指导学生的最佳时机。

3.体育内容的审美情感性

体育教学的美最直观的表现是在开展运动的过程中，通过运动塑身，教师和学生身体各部分线条的美与身体比例对称的美得以形成，并且人体运动的美也在这一运动过程中得以体现，这些都是外显的内容。

另外，在开展运动的过程中，人的精神美也得以体现。例如，在开展运动的过程中，学生需要克服生理障碍和心理障碍，只有做到这些，才能顺利完成高校体育教学目标，同时体现出学生礼貌、谦让和谦虚等风范。

此外，高校体育教学活动还使高校体育教学内容的审美性得到体现。每个运动项目都对审美特征和美学精神有不同的表述。例如，球类运动项目不但展现个人的运动优势，而且兼顾群体互助、协调和合作等人际素养；田径运动项目不仅表现学生的运动天赋，还展示了永不言败的豪气；乒乓球运动项目展示东方人的技艺与灵巧等。这些内容都是前人累积的经验总结，经过教师的加工传授给学生，并以此让学生去感知，从而获得身心的健康、全面发展。此外，高校体育教学活动作为一种社会活动，具有一定的创造性，教师与学生共同营造的教学情境在精神上能够给人以启迪，令人回味。

4.客观外界条件的制约性

与其他学科教学相比，高校体育教学的另一个不同之处是，高校体育教学效果很容易受到外界各方面的影响和实际客观情况的制约。例如，学生的性别、年龄、生理特点、心理特点、体质强弱与运动基础，以及体育场地、器械设施、客观气候条件等，这些因素都会对高校体育教学质量产生不同程度的影响。

从高校体育教学对象的层面上而言，高校体育教学应该使教育的全面性得以实现。在运动基础方面，教师要区别对待不同水平的学生，要根据学生的性别、年龄、生理特点、心理特点与体质强弱等实际情况，因材施教。例如，在机能水平、身体形态、运动功能与运动素质等方面，男女学生会存在明显的不同，因此教师应该在教学选择、教学设计和教学组织等方面考虑性别差异。如果教师没有对这些方面给予足够的重视，盲目教学，不仅难以达到增强学生体质的教学效果，还有可能增加学生安全方面的风险。

从高校体育教学环境的层面上而言，室外存在较多的影响因素，如空中的意外声响、马路上的汽车声等，因此体育教学一般会在室内开展。此外，室外锻炼时，学生容易分散注意力，当然，也有一些不可控因素，如天气因素等，都会干扰高校体育教学过程。同时，体育教学对体育场地、器材设施和客观气候条件等方面都有较高的要求。所以，在制订学年体育教学计划、课时计划，选择教材内容，实施教学组织方法的时候，体育教师应该考虑上述影响因素，提高高校体育教学效果与质量。

5.教师与学生身体活动的频繁性

在开展高校体育教学的过程中，教师需要示范、指导与反馈运动项目的动作，这主要是因为身体知识源于身体的不断实践与操作，而且对于学生而言，也需要身体的操作和体验。如果想要学习、掌握运动技能，学生就需要反复地操作和演练。因此，在开展体育课堂教学的过程中，教师和学生的身体活动会比较频繁，这也是体育教学与其他学科教学的不同之处。其他学科的教学可以在室内开展，保持相对安静的环境，使学生的思维得到激发，同时达到良好的学习效果。高校体育教学的情况则不同，在开展高校体育教学实践活动的过程中，学生不仅要有身体的剧烈活动，还要产生体验的情绪，这些都是体育教学的外部表现行为。

6.学生身心合一的统一性

从本质上讲，体育就是自然改造人自身的过程，在强调生理机能和形态结构统一的同时，还强调身心的和谐发展。在开展高校体育教学活动的过程中，教师不仅要注重体育文化的传承，还要强化学生的心理素质与社会适应能力。在开展高校体育教学的过程中，教师营造生动的情境，可以为学生心理素质的发展与社会适应能力的提高创造良好条件。

高校体育教学过程与辩证唯物论的观点是相符的，讲究身心发展的统一性。身体发展是基础，其支持了心理发展；而心理的发展则能够对身体的发展起到促进作用。在开展高校体育教学的过程中，身心发展的统一性主要体现在以下三个方面：

第一，高校体育教学内容要注重对学生各种能力和素质的培养，注重培养学生心理，增强学生社会适应性，符合社会学和心理学等方面的要求。

第二，体育教师的教学方法和教学组织必须与学生的身心发展规律相符，让学生在反复的动作与休息交替过程中，实现健身的目的。如果练习活动与休息能在一定的范围内合理地交替进行，学生的生理机能变化将会以"波浪式曲线"呈现出来。

第三，体育教学与学生的年龄特征和心理特征也是相符的。学生的心理活动所呈现出来的曲线图像是高低起伏的，而这种生理、心理负荷的"波浪式曲线"变化规律，展现了高校体育教学的鲜明节奏性与身心统一性、和谐性。所以，在安排各种教法与组织的过程中，体育教师应该充分考虑学生的心理特征。只有这样，才能够提高学生的身体素质，有效激发学生的兴趣与积极性，进而促进高校体育教学有效发挥自身功能。

二、高校体育教学的价值与目标

（一）高校体育教学的价值

1.体育价值观

（1）体育价值观的基本认知

体育价值观表现在对体育总体价值的认识上。自古以来，人们对体育的总体价值呈现出多种不同的态度，随着社会的发展，更多的人对体育是推崇的，并不断地发现和扩展它的功能。体育的发展过程是对体育价值的认识逐步深化的过程。体育作为一种社会现象，是随着人类社会的产生而产生的，也是随着人类社会的发展而发展的。它的发展历程与体育功能的扩展，以及人们对体育价值的认识逐步深化是紧密联系在一起的。

第一，体育的产生与体育的价值密切相关。

从心理学的角度考虑，人的所有行为的产生都有其心理依据，而"需要"是诱发动机和产生行为的动因，甚至还有人把需要看作人类的"激活剂"，认为人类的生活和大量的活动都是受到需要的激励。在古代，人类最开始的需要如果按照马斯洛的"需要层次论"划分的话，都是处于低层次的需要，即生存和安全的需要：为了生存，人们必须觅食，从事生产和打猎活动；为了安全，人们必须与野兽和敌人进行搏斗；为了躲避袭击，有时需要快跑和攀登。在这些活动过程中，奔跑、投掷、攻防、攀登等基本的体育技能开始萌芽，人们对这些技能的掌握程度和他们的觅食能力、安全程度有着直接的关系。因此，人们为了改善生存和生活条件，就必须传授和提高这些技能，这时，体育的价值就开始显现出来。由此可见，体育的产生与体育的价值是密切相关的。

第二，社会化程度的提高扩展了体育的价值。

随着历史的进步和社会化程度的提高，人们的需要逐渐从低层次向中等层次发展。在满足基本的生存和安全需要后，人们又产生了学习的需要、娱乐的需要和医疗保健的需要。在满足这些需要的过程中，体育始终扮演着非常重要的角色，这体现了它独特的价值。

在古代社会，各种祭礼活动都与体育或舞蹈有关。在我国几千年的历史中，虽然体育的发展也遭受过一些挫折，但它总是以其独特的魅力而保持着持续发展的势头。除了备战时应结合军事训练开展体育活动外，选兵时也要求有"勇气"、能"逾高绝远"。在风调雨顺、国泰民安之时，民间也常开展丰富多彩的娱乐活动，这些活动中的许多项目都与体育有关，如摔跤、柔术、蹴鞠、骑射等，这些项目已发展成为今天的竞技运动项目，还有一些项目，如舞狮、踩高跷等活动在民间一直流传至今。人们为了强身健体，还创编了消肿舞、导引术等。在汉代末年，名医华佗根据人体经络和血脉流通的机理，模仿虎、鹿、熊、猿、鸟的动作，创编了"五禽戏"，把医学和体育有机地结合起来，充分体现了体育保健和健身祛病的价值，进一步扩展了体育的价值。

第三，社会文明程度的提高更充分地体现体育的价值。

当人类进入现代社会后，随着社会文明程度的提高，人们在工作中减少了身体活动，体力劳动强度降低，脑力劳动强度提高，生活节奏加快，社会竞争日益加剧，精神压力和心理负荷加大。为了适应社会的竞争，提高生活质量，人们需要保持良好的体能，松弛绷紧的神经，宣泄不良的情绪。通过体育锻炼来解决这些问题的过程，也就是体育价值的实现过程。

（2）体育价值观的特征

体育价值观具备一般价值观的基本特征，同时又有着自己特殊的特征形态。体育价值观特征具有主观选择性和导向性、相对稳定性和历史流变性、逻辑系统性。

第一，主观选择性和导向性。

价值主体（人）与价值客体（体育）是组成体育价值观的基本要素。在主体层面，体育价值观的形成是以主体的体育需求为基础的，微观个体的体育感知和体育能力的差异，使人们的体育价值观带有显著的个体意识。主体需求的差异性与客体价值的多维性，为体育价值观的确立提供了多种选择途径，这种自由选择较为真实地反映每个人对体育的真实需要。此外，体育价值观一旦形成，就会对主体参与体育活动的目的及选择何种体育价值取向产生一定的引领作用。体育价值观明确的导向性，是人们践行体育活动的内部指南针。如今，日新月异的体育文化影响着人们对体育行为的选择，体育价值观更凸显了其导向的功能。它告诉人们应当遵循怎样的价值取向，抵制怎样的价值取向。

第二，相对稳定性和历史流变性。

场域指的是在某一社会空间中，由特定的行动者之间的相互关系网络所表现的各种社会力量和因素的综合体。这一概念常与法国社会学家布尔迪厄联系在一起。场域、习惯和实践三个要素构成了布尔迪厄实践社会学研究的理论框架，其核心问题在于从"场域—习惯"的关系来分析人们进行某种实践或采取某种行动的原因，而价值观恰恰是体育实践长期社会化和内化的结果表现。这说明体育价值观一旦形成，就具有相对稳定性，它始终在某种体育活动场域中控制和引导着人们的行为。

然而，体育价值观在实现过程中并不一定会表现为一贯的稳定形态，它还常常表现为某种非稳定形态，这种非稳定形态的冲突具体表现在内、外部两个层面。从内部冲突看，选择疑难、判断无据、目标不明等价值观冲突，是体育价值演进过程中不和谐、不稳定状态的集中体现；从外部冲突看，随着社会历史条件和周围环境的改变，人们的体育价值观也会发生相应的改变，表现为微观个体的旧的体育价值观瓦解及新的体育价值观重构。

体育价值观属于意识形态领域的概念，社会存在决定社会意识，体育价值观的形成实际上是历史演变的时代缩影。随着社会生产力的发展及体育文化的变迁，人们对体育的认识和实践能力在逐渐变化，作为价值主体，人们的体育需要层次也在不断提升；作为价值客体，体育的功能属性也由单一的健身观向多元功能演变。体育价值观的社会历史性是由其领域体系的宏观层面所决定的，手段论价值观与目的论价值观在历史流变中不断演进。

第三，逻辑系统性。

系统论认为，研究对象是内、外部有机联系的一个整体，强调其复杂性及结构性等基本特征。体育价值观不是一个单独的、孤立的意识形态，而是一个复杂的、多元化的价值体系。体育价值观的形成受到内、外部环境的影响，在主、客体因素的相互作用下，形成了体育价值观的复杂结构。有人认为，体育价值观体系是由核心层和外围层组成的，核心价值观包括角色、价值取向和使命三个基本的元素，体现着价值体系的基本价值倾向，是体育价值观体系中的灵魂，引领并影响着外围层价值观。体育价值观的外围体系在宏观层面上分为手段论价值观和目的论价值观两种。无论是手段论还是目的论，体育价值观的外围层都是客观存在的。外围层和核心层相互影响和相互渗透，从而构建了一个和谐共融的体育价值观体系。

（3）体育价值观的选择

体育作为教育的一个组成部分，它的价值观的选择要受到教育思想的指导和约束。通过对几十年教育工作的总结和反思，我国确立了以素质教育为特征的教育思想，从而树立了新的教学观念和培养目标体系。根据素质教育的内涵，体育教师在体育教学过程中应做到以下几点：

第一，要突出全体性。

体育教育要面向全体学生，使所有学生的健康水平都能够得到提高，身心素质得到发展。

第二，要突出全面性。

素质教育的根本任务是促进人的全面发展。体育教学除了要完成与其他学科共有的知识、品格、能力和方法的构建任务外，还要充分体现体育的优势，在兴趣、情感、意志、个性、才能等方面的培养中作出积极的贡献，以促进学生的全面发展。

第三，要突出主体性。

素质教育是一种重视个性化的教育，强调弘扬学生的主体差异性，注意因材施教。教师要摒弃那些束缚学生身心发展的教学内容和方法，给学生更大的活动空间，使学生在兴趣爱好的培养、人格的完善、特长的发展等方面拥有充分的主动性，从而真正发挥学生的主体作用。

第四，要突出发展性。

学生素质构造的基本要求是为今后更好地发展创造条件、打下基础，因此体育教学要从为学生积蓄发展后劲出发，培养学生正确的体育态度，向学生传授最具发展潜力的体育知识，为学生奠定身心健康发展的基础，使学生形成终身体育的能力。

从素质教育对体育的要求可以看出，目的论价值观与素质论教育观更为吻合，这成为今后学校体育的发展方向。

2.高校体育教学的价值分析

（1）高校体育教学的基本价值内涵

高校体育教学的基本价值是通过知识形态的转化、教学的功能和素质的构成来体现的。

第一，从知识形态的转化看高校体育教学的基本价值。

教学最明显的价值是它的知识价值。通过教学活动，学生获得了他人总结的知识，这是古今中外一切教学活动的共同特征，也是实现其他教学价值的基础。知识的内涵包括两个方面：一是对特定对象的客观反映，如科学的概念、原理等；二是创造者内化凝结在其中的能力、品格和方法的综合体。这些都需要高校教师根据学生的实际去挖掘、剖析，使之进一步升华。

第二，从教学的功能看体育教学的基本价值。

高校体育教学的功能主要体现在两个方面：一是传递前人在体育方面的知识、经验，使学生继承人类的文明成果，因而高校体育教学具有继承的功能；二是有效地促进学生身心的发展，因而高校体育教学具有发展功能。在教学理论中，"发展"的含义非常广泛。高校体育教学内容体系本身就具有丰富的知识内涵，体育教学也蕴含着科学的方法论。这个教学体系还包含情感、意志和能力的培养，用能力推动学生的全面发展、用情感和意志构建良好的品格结构、用科学的方法取得理想的教学效果。因此，从教学的功能看，高校体育教学的基本价值在于使学生获得知识、发展能力、形成良好的品格结构和掌握科学有效的方法。

第三，从素质的构成看体育教学的基本价值。

构建学生相对完备的素质结构是教学活动最根本的价值。有人把未来社会对人的基本素质通俗地概括为会做人、会求知、会生存、会创造和会健体，也有人把人才素质归结为德、识、才、学、体五个方面。其实，上述几方面都不是孤立存在的，它们之间存在着互相渗透、互相包容的关系，有些甚至互为条件。它们组成的基本因素归根结底可以概括为知识、能力、品格和方法几个方面。素质的构建是各科教学的共同目标，但不同的科目有不同的侧重点，这些侧重点反映了学科的本质特征。体育教学作为发展身体，增强体质，传授锻炼身体的知识、技能和技术，以及培养道德和意志品质的教育过程，它在学生素质构建中除了具有其他教学活动共有的功能外，还具有为学生科学地锻炼身体提供理论和方法的指导，使其增强体质、提高健康水平的功能，这是其他学科所不能替代的。

体育教学在发展学生情感、意志，形成良好品格等方面具有突出作用，体育教学开放的教学环境、灵活的教学组织形式和可调节的运动负荷等有利条件，是体育教学具有的独特优势。因此，体育教学对学生素质构建的价值也是非常重要的。

（2）现代高校体育教学价值的形成特点

高校体育教学能对人的生存、生活、发展和社会进步产生积极的影响，这是体育教学的价值所在，但这些价值是通过对体育知识的掌握、体育能力的培养、品德与情意的养成和体育方法的训练而实现的。这些因素互相联系、互为条件，在体育教学过程中转化为过程价值，在教学结束后凝结成终极价值，从而使体育教学的价值得以完整体现。

第一，体育教学价值的形成规律及内部关系。体育教学价值的形成规律实质上就是体育教学活动的规律，即体育教学过程中内在的本质联系。众所周知，体育教学过程是由师生、教学内容、教学方法和教学目标等要素组成的。其中，师生是活跃的、有能动性的要素，教师以教学内容为载体，运用科学合理的方法来达成体育教学目标，从而使体育教学实现促进学生身心发展的价值和满足社会需要的价值。

在这个过程中，学习必要的体育知识、树立正确的体育态度是形成教学价值的基础，而这又是通过认知来实现的。实现知识价值能提高学生的思维能力，使学生正确地把握体育活动的实质，有利于发挥学生的创造性。具备基本的体育能力是形成教学价值的重点。

体育能力是终身体育的基本条件，它的实现是由知识和技能转化而成的，实现过程是一个有目的、有计划的培养过程。能力价值的实现有利于学生有效地进行自我锻炼，以促进身心健康的不断发展。

掌握科学的体育方法是体育教学价值实现和延伸的基本要求。体育方法是形成终身体育能力的重要组成部分，它的实现方式是训练。科学的体育方法是学生掌握合理的锻炼方式、获得最有效发展的关键。

体育教学的另一个重要价值是思想品德的养成，它的实现是一个潜移默化的过程。在体育教学中，教师要克服主观和客观困难，学生间必须相互帮助、密切配合，学生需要具备竞争意识和团队精神，这些都是有利于思想品德的养成。思想品德的养成有助于前三项价值的实现，也有利于健康心理的形成。

综上所述，知识、能力、方法和思想品德是体育教学基本价值的四个构成要素。它们各具特点，相互之间既有联系，又各有侧重，它们只有有机地协同和融合，才能促进体育教学价值的全面实现。

第二，体育教学终极价值的实现。体育教学的终极价值是通过体育教学过程价值的升华而实现的。它主要体现为掌握体育知识和技能，树立终身体育观念，为终身体育打好基础，完善人格个性、发展身心素质、提高健康水平，能与社会所需人才的相关素质结构相适应。终极价值与教学目标具有一致性，同样受到体育教学思想的制约，它的结构取决于人才的素质结构、社会需要的现状和发展趋势。因此，终极价值是动态的。教师必须树立正确的体育教学思想和终极价值观念，并采用合理的教学设计，把价值观念融合在教学指导思想的教学行为中，通过教学过程价值的形成，最终凝结成终极价值。

体育教学过程既是一个体育教学价值凝结的过程，又是一个人才的相关素质形成的过程。体育教学最高的价值就在于共建良好的人才素质结构，这是体育教学最根本的价值观。要想形成体育教学价值，首先必须树立明确的教学目标和教学活动行为目标，激发学生的体育需求；其次唤起学生的体育兴趣，使学生逐步掌握体育知识和技能，形成经常锻炼的习惯；最后使学生具备科学锻炼的能力，使他们的身心得到发展，并为终身体育打下良好的基础。这既是促进学生身心发展、提高学生健康水平、满足学生和社会需要的过程，也是为学生的进一步发展奠定基础的过程。因此，体育教学的价值在学生身心发展方面具有促进作用。

（二）高校体育教学的目标

1.体育教学目标及其相关概念

（1）体育教学目标、体育教学目的和体育教学任务的含义

体育教学目的就是人们设立体育学科和实施体育教学的行为意图与初衷。体育教学目的是贯穿整个体育教学的指导思想，是对体育教学提出的概括性的和总体性的要求，指引着体育教学的发展方向。

所谓目标，是指努力的方向和预期的成果，是"要在各个阶段达成什么和最后达到什么"的意思。由此而论，体育教学的目标是人们为达到体育教学的某个目的，在行动过程中，设立的各个阶段预期成果及最后的预期成果。

所谓任务，是指受委派担负的工作或责任，即上位的人或事，对下位的人或事提出的要求，以及布置的工作，是"要做什么"的意思。由此而论，体育教学任务是为达到体育教学目的、实现体育教学目标所应该做和必须做的工作。

（2）体育教学目标、体育教学目的和体育教学任务之间的关系

体育教学目标、体育教学目的和体育教学任务之间应是如下关系：

第一，各个阶段的体育教学目标的总和就是最终的体育教学目标。

第二，最终的体育教学目标是实现体育教学目的的标志。

第三，体育教学任务是为实现体育教学目的和体育教学目标所应该做的实际工作和具体担负的责任。

举一个体育教学中的例子加以说明：如果篮球教学的目的是让学生掌握篮球技能，从而增强终身体育的能力，那么，篮球教学的总目标就是让学生学会主要的篮球技术和有关知识；篮球教学的分目标则是让学生掌握篮球的最基本的技术，学会运用战术、学习有关规则、学会篮球欣赏等；而各节篮球课的教学任务就是让学生一步一步地学好基本的篮球技术，逐渐地掌握基本的篮球战术和运用的方法，逐步地学习篮球的规则，逐步地学会理性地观赏篮球竞赛。

可以看出，体育教学目标是一个上承体育教学目的、下启体育教学任务的中间环节，是体育教学中既具有定向、定位功能，又具有定标、定量功能的重要方向因素。体育教学目标是教师做好体育教学工作必须认真研究的教学因素，这也是近年来体育教学目标在体育教学改革中备受关注的重要原因。

2.高校体育教学目标的结构

（1）体育学科的多功能

功能取决于事物的性质和特点，同理，高校体育学科的功能取决于体育学科自身所具有的性质和特点。

（2）体育学科的价值

体育学科多样的功能和特征使体育学科具有多方面的价值取向。虽然高校体育学科的功能是相对稳定的，但在不同的历史背景和不同的国度中，体育学科的各种功能被不同程度地加以利用，体育学科被赋予各种各样的价值。

当然，人们在注重追求某种体育功能并努力实现某种体育价值时，也并不是绝对单一的。在多数情况下，人们会同时追求几种体育功能，只不过是更注重、更强调某种功能而已。

（3）体育教学的目标

不同时代的体育教育各有着独特的目标体系，这些目标是当时社会对体育价值取向的具体化，也反映出人们对体育功能及其重要性的认识。所以，无论是哪种体育形态，其体育教学的目标通常都不是一个。一般情况下，从体育教学的第一目标的设定就可以大致看出该体育形态的价值取向。当然，也有目标顺序与价值取向不完全吻合的情况。

（4）体育教学目标、体育学科的功能及价值之间的关系

功能是一个事物固有的、客观的属性，价值是一种外赋的、主观的属性，目标则是根据功能进行价值取向后的行为效果指向。也就是说，一个事物即使具有某种功能，而人们如果没有意识到这种功能，也不会把这种功能的实现作为目标；相反，一个事物如果不具有这种功能，即使人们非常希望通过这个事物实现这种功能，那么也是无济于事的。体育学科的功能不会有大的改变，但不同的历史阶段会具有不同的体育价值取向。因此，体育教学的目标会随着社会的变化与发展而产生相应的变化。

3.合理制定高校体育教学目标的意义

合理制定高校体育教学目标的意义主要体现在以下几个方面：

（1）充分发挥体育学科教学的功能

只有合理地制定高校体育教学目标，才能明确要实现哪些体育教学功能。如果体育教学目标过大或过小，那么就不能充分发挥体育教学的功能，就会使目标偏离体育教学的基本功能，也就无法发挥好体育教学的主要功能，进而使体育教学的质量大大下降。

（2）保障实现体育的教学目的

只有合理地制定体育教学目标，才能有效地实现体育教学的目的。比如，使学生的体格强健是实现健身目的的标志，使学生每节课都能身心愉悦是促进学生参与运动的标志等。体育教学目标是体育教学目的的实现的标志。

（3）确保层层目标衔接，最终实现总目标

如果错误地制定阶段体育教学目标，那么，就会使阶段体育教学目标的总和不能等于总的体育教学目标，也就意味着总的教学目标没有完成。因此，正确地制定各个层次的教学目标是最终实现总目标的可靠保证。

（4）明确和落实体育的教学任务

体育教学目标决定着具体的体育教学任务。因此，要有具体的体育教学任务来支撑目标的实现。好的目标有助于明确教学任务，有了明确的目标，体育教学的任务才能做到"有的放矢"。

（5）指引教师的"教"、激励学生的"学"的目标，反映了人的愿望和努力方向

虽然体育教学目标并不完全是由任课教师和上课学生群体制定的，但合理的体育教学目标充分反映着教师教学的方向和学生的学习愿望。一套科学合理的体育教学目标可以指引教师的工作，可以激励学生的学习。

体育教学目标为高校教师指明体育教学工作的预期成果，使他们清楚地知道自己工作的努力方向。在体育教学目标实现的过程中，教师会受到鼓舞，学习目标的不断实现会使学生受到鼓励，所以，明确、具体且切实可行的教学目标不仅可以指引教师努力地工作，还可以激励学生努力地学习。

4.高校体育教学中的目标设置

（1）体育教学中的目标设置

第一，目标分类。

运动心理学著作将目标的基本种类分为成绩目标、表现目标及过程目标。成绩目标把重点放在比赛的最终成绩上，通常包含某种形式的人与人的比较；表现目标具体说明运动员相对独立于其他参赛者和运动队而在比赛中获得的最终成绩；过程目标则把重点

放在比赛中呈现出来的具体行为上。

第二，目标机制。

目标通过四种机制影响行为绩效：一是目标引导注意和努力，指向目标行为而脱离非目标活动；二是目标决定付出努力的程度，高目标比低目标要付出更多努力；三是目标影响行为的持久性；四是目标会通过唤醒、发现目标任务知识，或通过使用策略来间接地影响行为。

第三，目标设置原则。

一些学者在总结了相关研究的基础上，提出了目标设置的原则，具体包括以下几点：

①目标应制定得具体、明确，可测量，易观察。

②清楚地规定时间限制。

③制定中等难度的目标。

④写下目标，并定期检查进展情况。

⑤运用过程目标、表现目标和成绩目标的组合体。

⑥利用短期目标帮助实现长期目标。

⑦既有训练目标，又有竞技目标。

⑧保证目标被运动员内化和接受。

⑨考虑人格因素和个体差异。

此外，在设置目标时，还要注意使个体目标与集体目标相结合，让教师与学生携手共同制定目标。

第四，好的目标的重要特点。

运动心理学家认为好的目标具有五个重要特点，并用它们的首字母缩写词"SMART"来表示。好的目标应该是具体的（Specific）、可测量的（Measurable）、可实现的（Attainable）、相关的（Relevant）、有时限的（Time-based）。

（2）体育教学目标设置的不同阶段

第一，体育教学目标设置的准备阶段。

如果教师没有做需要评估，就直接和学生一起去实现目标，那么这是不明智的。在需要评估中，教师应将整个班级作为一个整体来考察，还要根据教学整体目标来考察每一名学生，从而发现需要改进的地方。通过对全班整体需要的分析，教师应找出班级整体的具体的目标，并以能够观察到的形式，指出"是否能够实现目标"及"什么时候实现目标"。例如，在学期结束时，班级的每个学生都能够在 8 分钟的时间内完成 1500

米跑步项目。

第二，体育教学目标设置的实现阶段。

如果准备阶段得以精心考虑和有效实施，那么就可以顺利进入实现阶段。实现阶段最直接的组成部分就是最初的接触。在这个阶段，教师应该仔细地考虑目标，并和学生讨论目标，向学生指出成绩目标、表现目标及过程目标的区别。

第三，体育教学目标设置的评价阶段。

目标设置的评价阶段不应该只出现在学期末，而应该贯穿整个学期。没有连续地监督、反馈及评价，目标设置过程将无法达到应有的效果。

第二节　高校体育课程教学基本理论

高校体育课程教学活动是由教师和学生为实现体育课程教学目标而进行的，是实现体育教学目标、完成体育教学任务的一个系统的体育教学过程。

高校体育课程教学的基本理论是对体育教育的规律性总结，是指导体育教学由经验层次上升到理性科学层次的基本前提。科学的体育课程教学理论是对体育教学规律的客观总结和反映，依据科学的体育教学理论所进行的教学实践活动，要符合体育教学的基本规律及学生的实际情况。在体育教学实践活动中不难发现，有些教师，特别是从事体育教学工作时间较短的教师，由于不懂得如何在体育教学理论的指导下对教学做出详细规划，往往会在体育课堂教学中随意发挥。这必然使体育教学的过程处于无序状态，从而使课堂教学质量大打折扣。即使是有经验的教师，如果轻视系统的理论指导，在教学时局限于经验化处理，那么教学效果也不会理想。因此，体育教师只有自觉运用体育教学的科学理论指导体育教学设计，在课前进行精心设计，才有可能使体育教学摆脱狭隘的经验主义窠臼，才有可能使体育教学过程的实施与调控处于最佳状态，才有可能获得教学实施过程的最优效果。

体育课程教学的基本理论与方法要求教师在研究课程教学的过程中，把研究对象放在系统的形式中，从系统观点出发，从系统—要素、要素—要素的相互联系和相互作用的关系中，综合地、精确地考察对象，从而获得解决问题的最佳方法。

一、高校体育课程教学的理念

体育课程的定位着眼于社会对人才素质的需求，注重以人为本，强调以学生的学习、发展为教学的中心，以"健康第一"作为教学的指导思想。在教学中，重视学生的主体性，引导学生积极主动地学习；重视教材的整体性，强调"传授知识和技能"与"培养能力、创新意识"并重。这是体育课程教学所体现的课程教学理念。

（一）体育课程要坚持以人为本、以学生发展为本的教学理念

体育课程教学以学生的学习和发展为本。在教学过程中，教师要引导学生主动学习，并改变过去在课程教学过程中强调接受学习、死记硬背、机械练习的学习方式，倡导学生主动参与、乐于探究、勤于动手，培养学生的体育能力，鼓励学生坚持体育锻炼，帮助学生树立终身体育的运动意识。教师要注重培养学生发现问题、分析问题和解决问题的能力及社会适应能力。教师在课程教学过程中的主导作用体现在引导、帮助学生学习体育课程知识、运动方法和动作技术。

体育课程应突出学生的主体地位，重视教师的主导作用。在教学过程中为完成教学任务，实现课程的教学目标，教师要向学生传授知识和技能，让学生自主学习、自主运动，处理好社会需求与个人发展、学习兴趣与教学目标、接受性学习与创造性学习的关系，从而提高教学质量，使学生获得更多的、更实用的体育基本知识、运动方法技巧和动作技能。

（二）整合知识与技能、过程与方法及情感态度与价值观三个维度

体育课程教学要在继承与发扬传统的体育教学成功经验的基础上，改变过去片面追求成绩的单纯竞技观念，摒弃片面强调知识与技能的倾向，整合知识与技能、过程与方法、情感态度与价值观三个维度。

在体育课程教学的过程中，强调体育知识与技能的教学，要贴近生活，根据社会的需要，并结合人的发展，进行有意义、有效的教学。强调知识与技能、过程与方法、情感态度与价值观的整合。体育课程打破了学科的本位主义框架，删除了"繁、难、偏、

旧"的内容,改变了过于重视竞技运动的状况,加强了课程内容与学生生活、现代社会和科技发展的联系,关注学生的学习兴趣和经验,精选终身学习必备的体育基础知识和运动技能。

体育课程教学倡导学生主动参与、乐于探究、勤于动手,培养学生自主学习和自我锻炼的能力、获取新知识的能力、分析和解决问题的能力、交流与合作的能力。新课程教学注重理论与实践的结合、体育运动与健身方法的结合,强调体育锻炼与日常生活的融合,帮助学生掌握正确的学习方法,养成坚持体育锻炼的习惯,形成终身体育的意识。

(三)综合运用多学科理论开展教学工作,促进学生身体健康发展

现代科学发展呈现出综合化的趋势,无论是自然科学还是人文科学,各学科之间往往相互渗透,产生了新的边缘学科。体育课程的教学以体育科学、教育科学、人文科学等多学科理论为基础,根据学校体育课程教学的指导思想、教学目标、教学任务、教学内容,结合社会发展与学生学习的需要,全面锻炼学生的身体,促进学生生理健康、心理健康水平及社会适应能力的发展,有效地增强学生体质。

在这个过程中,教师要帮助学生学习、掌握、应用体育的基本理论知识、基本技术与方法,全面发展学生的身体素质和基本运动能力,使学生形成良好的运动技能。同时,在体育教学过程中,注重对学生展开思想品德教育,不断提高学生的体育素养,培养学生的爱国主义、集体主义精神和积极向上的社会竞争意识。

要完成上述教学任务,教师必须综合运用体育科学、教育科学、人文科学等多学科的基本理论与方法,以促进学生身体的健康发展,有效地增强学生体质。

学生身体的健康发展是指学生生理机能、身体形态、心理素质和社会适应能力的全面发展,因此组织与实施体育课程教学活动所涉及的学科较为广泛。体育课程教学不仅能够指导学生运动,还是在智育、德育的理论和方法基础上的身体教育,是促进学生身体健康发展、有效地增强学生体质的运动过程。健康发展的内涵是指学生全面、健康、和谐、可持续的发展。

二、高校体育课程教学的指导思想与基本任务

（一）高校体育课程教学的指导思想

健康体魄是高校学生为祖国、为人民服务的前提，是中华民族旺盛生命力的体现。学校教育要贯彻"健康第一"的思想，要切实加强学校体育工作。

"健康第一"的指导思想不仅给体育课程教学改革增加了新的内涵，还在提升学校体育价值含量的同时，使学校体育的教学目标更加明确。因此，在体育课程教学过程中，教师要贯彻"健康第一"的指导思想，改变过去传统的体育教学"重竞技""要达标率""要合格率"等功利性倾向，解决教学目标与学生学习脱节的问题。教师在体育课程教学过程中，要更直接地体现体育教学的实质，使体育课程教学与21世纪社会政治、经济的发展需求相适应，使体育课程教学与促进学生身心健康发展、有效地增强学生体质的目的，以及以学生为本的教学理念更加贴切。

体育课程教学的指导思想是体育教学实践的指南，是从教学实践的成功经验总结和失败教训挫折中，不断地形成、优化和发展的，通过现代教学理论与教学实践的融合，不断地加以印证和完善。在体育课程教学过程中，体育教学的指导思想通过各种途径，对学校体育教学目标、教学任务、教学内容、教学方法、教学的组织形式和体育锻炼过程的体系产生重大的影响，体育教学的指导思想是整个体育教育理论的核心。高校体育课程教学指导思想必须与高等教育发展的方向相适应，现阶段的高校体育教学指导思想应当以体育知识技能为先导，以培养学生体育能力为重点，以身心协调发展为中心，以终身体育为方向，其核心是帮助学生树立终身体育的观念。

1.以体育知识技能为先导

高校体育课程教学首先要体现作为课程教学所赋予的传授体育知识技能的教学任务，将"传授体育知识、技术和技能"与"科学锻炼身体的原则、方法"有机地结合起来，只有这样，才能有效地增强学生体质，提高学生健康水平，才能使学生树立终身受益的体育观。高校体育课程教学实践表明，学生对体育知识、技术和技能掌握的熟练程度，与增强体质、培养对体育的兴趣有着密切的关系。学生对体育知识、技术和技能掌握得越牢固，自身的体育水平就越高，越对体育感兴趣，同时，锻炼身体的积极性也越高，其增强体质、提高健康水平的效果也就越好。因此，在高校体育课程教学中，教师首先必须重视体育知识、技术和技能的传授，为学生传授科学锻炼身体的理论和方法。

2.以培养学生体育能力为重点

所谓体育能力，是指体育知识、技术和技能，与智力有机地结合在一起，体现在体育教学中，就是着重培养学生形成自我身体完善的意识，养成终身体育锻炼的观念，掌握必要的活动技能和运用技能的能力。从以往的情况看，绝大部分的学生走向社会后，无法运用在学校体育课程中所学的体育知识、技术和技能来锻炼身体。究其原因，主要是长期以来，高校在体育教学中忽视了培养和发展学生的体育能力。近些年来，许多经济发达国家为了适应高等教育发展的需要，纷纷对学校的体育教学实施改革，改革的重点是提高学生的体育能力、培养学生终身锻炼身体的习惯，并把其作为学校体育教学的主要任务。为此，我国高校体育教学也应当重视体育知识、技术和技能的传授，进而培养学生的自我锻炼能力、自我设计和自我评价能力、组织比赛与裁判能力、体育欣赏能力等，使学生毕业后在各种生活和工作条件下，都能自觉锻炼身体，为实现终身体育的长远目标打好基础。

3.以身心协调发展为中心

体育教学活动的过程是学生身心都积极参与的过程，在以身体练习为主的各项运动技术的活动中，学生的生理机能、运动素质、基本活动能力及心理品质等都能够得到锻炼与发展。高校体育课程教学要想使学生的身心得到协调发展，既要重视体育的生物效应，发挥其对增强学生体质、提高生理机能的生物学改革作用，又要从体育教学活动的特点、功能及规律出发，充分挖掘和发挥体育教学的心理效应、娱乐效应和审美效应，从而在增强学生体质、培养学生体育能力的基础上，造就全面发展的、身心协调统一的、适应现代社会和未来社会发展所需要的新型人才。

4.以终身体育为方向

以终身体育为方向是高校体育教学的长远目标，也是高校体育课程教学指导思想工作的核心。明确了这个目标，前面所说的以体育知识技能为先导，以培养学生体育能力为重点，以身心协调发展为中心的指导思想对高校体育课程教学的指导，就不仅仅限于一个学年所追求的近期效益，也不仅是在高校学习阶段的效益目标，而是要从培养学生终身体育锻炼的意识、习惯和能力出发，妥善地处理同类型体育课程和不同类型体育课程中，有关传授体育知识与技能、增强体质、培养能力等的相互关系，正确认识和处理体育教学的近期效益（一个学期）、中期效益（一学年或两学年）和远期效益（在校学习期间和毕业后，乃至终生）之间的关系，并力求围绕终身体育这个长远目标，不断开发学生的体育能力，为终身体育打好基础，从而使学生受益终身。

（二）高校体育课程教学的基本任务

为实现中华人民共和国教育部要求的学校体育教学目标，体育课程教学的总任务应包括以下几方面的基本工作：

第一，全面锻炼学生的身体，促进学生生理健康水平、心理健康水平及社会适应能力的健康发展，有效地增强学生体质。

第二，使学生学习、掌握、应用体育的基本理论知识、基本技术与方法，全面发展学生的身体素质和基本运动能力，帮助其形成良好的运动技能。

第三，培养学生的体育能力，使学生积极参与体育活动，坚持锻炼身体，科学地应用健身方法，养成良好的体育锻炼习惯，为终身体育奠定坚实的基础。

第四，在体育教学过程中，教师要对学生开展思想品德教育，不断提高学生的体育素养，培养学生的爱国主义、集体主义精神与竞争意识，培养学生勇敢顽强的意志品质。

三、高校体育课程教学的方法与过程

（一）高校体育课程教学的方法

高校体育课程教学方法是教师和学生为了实现共同的教学目标，完成共同的教学任务，在教学过程中运用的方式与手段的总称。高校体育课程教学方法的范畴主要包括：体育教师为完成教学目标和任务所采用的教学模式、教学技术、教学手段，以及指导学生学习体育理论知识、运动技术，培养学生运动技能的具体方式。

高校体育课程教学理论与方法的探索、研究、发展，从始至终都要遵循教育学、心理学和运动人体科学的原理，遵循教学理论与教学实践相结合的规律，遵循人体运动知识、技术技能的形成规律。

高校体育教学方法主要研究学校体育教学的基本规律，促进学生身体的健康发展，帮助学生有效地增强体质、掌握体育知识与运动的规律，指导学生体育教学实践，提高教师的教学质量。

从宏观的角度上分析高校体育教学方法时，体育教学方法是在体育课程教学活动过程中，教师和学生为完成共同的体育教学任务，实现共同的体育教学目标，使学生学习、掌握体育课程的基本理论知识、运动的基本方法和运动技术，使学生形成良好的运动技能和体育健身习惯，教师为达到增强学生体质目的所运用的教学模式、教学方式和教学手段的总称；从微观的角度上分析体育教学方法时，体育教学方法是由各种不同层次和具体的教学方法、教学技术、教学手段和教学形式等，所组成的一个系统性结构，包含多层面的教学技术。

（二）高校体育课程教学的过程

高校体育课程理念下的教学观强调教学过程是师生积极参与、交往互动。教学是教师的教与学生的学的统一，这种统一的实质是交往。教学过程是师生共同学习与发展的过程，教学的基本目的是促进学生的发展及教师自身的发展，教学过程是师生互动、学生在教师的指导下主动建构的过程。在体育课教学过程中，教师的教和学生的学有机融合，构成整体的教学结构系统。

教师根据学校体育学科的教学目的、教学目标、教学任务、教学内容与教学要求，通过体育课程教学与课外体育锻炼活动等不同的组织形式，将具体的体育基础知识、健身方法、运动技术和练习手段等，有目的、有计划、有组织、有系统地传授给学生，并逐步培养学生掌握体育基础知识，应用健身方法、运动技术和练习手段进行运动健身，培养学生分析问题和解决问题的能力，并对学生进行应用体育知识、健身方法和运动技术，培养学生良好的运动技能、体育锻炼习惯，体验运动乐趣。高校体育课程教学是提高学生身体素质、全面发展学生身体运动能力，关注和重视学生身体健康发展的过程；是学生学习体育运动知识、方法，形成感知，理解、掌握与运用知识的过程；是学生科学地锻炼身体，形成良好的健身习惯和终身体育意识的过程。

体育课程教学过程是素质教育的重要途径，体育课程教学具有促进学生身体形态、生理机能发展的功能，显著地体现在骨骼、肌肉和心血管系统、呼吸系统等形态、机能的发育方面。体育课程教学活动是调节脑力劳动的有效方法，是培养未来社会人才的需要。

四、高校体育课程教学的内容

教学内容是教师开展教学工作的材料和主要媒体。高校体育教学内容是根据体育课程教学目标、指导思想、教学任务，结合学生的学习需要与教师的职业技能，遵循体育教学规律和教学原则来选择教学素材，并且对其进行体育教材化的加工和创造，构成科学的、合理的，适合于社会需求和学生发展的体育课程教学内容结构体系。

高校体育课程教学内容，是为实现体育教学目标而选择、应用的体育理论知识、健身方法和运动技术技能素材内容体系及信息。教学内容不仅包含体育教育类别静态的教学内容、教具、体育理论知识，还包含健身方法和运动技术技能等动态的教学组织形式、教学方法与手段。

高校体育课程教学内容是体育教学实践活动的载体，包含了体育教育的基本理论知识、体育健身的方法、运动技术、思想品质教育等体育教学要素和丰富的文化内涵。教师通过教授教学内容和学生学习教学内容的过程，帮助学生学习、掌握体育教育的基本理论知识、体育健身的方法和运动技术，提高学生身体的运动能力水平，帮助学生形成良好的运动技能，并在参与体育课程教学实践活动的过程中培养良好的锻炼身体的习惯和优秀的道德品质。从体育教育活动实施过程及其对人的发展角度进行分析，体育课程教学内容在本质上起到了体育教学实践活动的载体作用。

高校体育教学素材有两个显著的特征：一是素材来源广泛，内容丰富；二是教学素材之间不具有严密的逻辑性，教材系统结构中每项教学素材内容都具有各自的功能性，由多项教材内容具有的功能性总和构成了能够达成多元教学目标的可能。

体育教学内容与竞技运动内容具有一定程度上的相似性，但体育教学内容在性质上又有别于竞技运动内容，这个区别表现在以下两个方面：

第一，体育教学内容是根据体育课程教学目标、指导思想、教学任务、学生的学习需要与教师的职业技能，遵循体育教学规律和教学原则所选择的教学素材，以发展学生身体健康和增强学生体质为教学目的，以学生学习并掌握体育理论知识、健身方法、运动技术，形成良好的运动技能为教学任务。而竞技运动内容以参加竞技比赛、夺取金牌为目的，以运动员掌握和运用运动技术、提高运动竞技能力与水平为运动训练任务。显然，体育教学内容与竞技运动内容存在着不同的任务和目的。

第二，体育教学内容必须根据学生学习的需要，改编、组织和加工体育课程教材，而竞技运动内容有统一的竞赛规程、规则，通常情况下，竞赛的规程、规则不允许进行改动。体育教学内容属于教育内容，但在形式上与德育、智育内容存在明显的区别，既具有体育运动的性质，又具有教育的性质。因此，在体育教学内容的选择、加工及体育课程教材化处理过程中都相对较困难和较复杂。

体育教学内容与其他教育内容一样，随着社会发展需求的变化而处于不断变化和发展的过程中。现代体育教学内容的基本结构体系是随着学校体育和近代体育运动的发展而逐步形成、改进与完善的。

五、高校体育课程教学的评价

体育课程教学改革的一个重要方面就是以评价促发展，因此，评价学生的学习时要体现学生的不同学习水平。体育课程教学评价是依据课程教学目标，对教学过程及结果进行价值判断，并为教学决策服务的活动。教学评价是研究课程教学过程中，教师的教和学生的学的过程和结果。

体育课程教学评价一般包括对教学过程中的教师、学生、教学内容、教学方法、教学手段、教学环境和教学管理等诸多因素的评价，但主要是对学生学习过程与结果的评价，以及对教师教学工作过程的评价。教学评价的两个核心环节是对教师教学工作的评价，即对教师教学评估与对学生学习过程与结果的评价。评价要依据一定的客观标准，通过收集各种测量结果和相关资料，客观衡量教学活动后，对其效果做出科学判定。

体育课程教学的评价是依据新课程改革所进行的课堂教学研究活动。在教学评价活动中，强调体育课程教学应以促进学生身心健康发展为根本目的，贯彻"健康第一"的指导思想，要求在全面锻炼身体的基础上，促进学生生理机能、心理素质及社会适应能力的健康发展，同时，注重学生自我体育锻炼习惯及能力的培养，为学生终身体育锻炼打下良好的基础。

体育课程教学评价规定了学生在学习过程中的状态和学习结果应达到的标准。体育课程教学的评价通过了解与评估教学各方面的情况，从而判断教学的过程、质量和水平，包括课程教学的成效和不足。全面客观的评价不仅能显示出学生的成绩在何种程度上实现了教学目标，还能挖掘其主要原因，有针对性地调整教学过程，有利于教师在体育教学过程中不断地优化教学途径、方法和手段，不断地改进与提高教学质量。

体育课程教学的评价对教师的教和学生的学都具有极为重要的激励和导向作用。评价结果不仅可以反映出教师对教学指导思想、教学目标、教学内容、教学方法、教学手段的理解、掌握和运用的层次水平，还能反映出教师本身所具有的教育素质及其职业技能。此外，评价结果还反映出学生对学习的态度、动机、兴趣、方法及其结果，能够使教师清楚地了解自己的教学过程，掌握自己的教学状态及发展变化情况，提高教学活动的效率，从而获得最佳的教学结果。教师可以根据实际情况修改与完善教学计划，调整教学的方案、模式、方法和手段，从而形成更有实际意义、更为有效的教学过程，以实现预期的教学目标。

第二章　高校体育教学模式与设计

第一节　高校体育教学模式

一、高校体育自主教学模式

关于体育自主教学，目前学界并没有统一的定义，许多研究者从不同的角度和层面阐述了体育自主教学的内涵与外延。体育自主教学是将学生作为参与教学的主体，教学目标、教学模式、教学内容和教学方法都应该紧紧围绕学生展开，并和教师共同构成体育自主教学系统。同时，健康、愉悦、放松等积极因素应该成为教学的主要原动力。

从两个层面来理解体育自主教学，对于教师而言，它是一种教学模式与方法；而对于学生而言，它是一种学习的模式与方法。因而，从整体上来看，高校体育自主教学就是为了实现一定的教学目标，将学生作为教学的主体，围绕这一主体选择教学模式、教学内容和教学方法，充分发挥学生的主观能动性，激发学生参与热情的一种全新体育教育模式。从教师的角度进行阐释，自主教学就是为了实现一定的教学目的，根据体育教师的安排和规划，学生根据自身的条件制定学习目标，确定学习内容，最终完成学习目标的体育教学模式。

（一）自主教学模式的特点

关于自主教学，目前学界并没有一个严格的定义，大致上可以理解为教师采用多种形式，丰富教学手段，引起学生学习的欲望，学生对学习内容做出自发性、连续性的发散学习行为。具体到我国高校的体育教学中，可以将其定义为在教师基本教学的基础上，学生针对自身情况制定学习方法，自我监控、自我调整、自我评价，最终实现体育教学目标的教学方法。根据人们对自主教学的描述，不难发现它主要有以下特点：

1.主观能动性

主观能动性是素质教育的重要内容，也是高校构建体育自主学习模式的核心特点，还是自主教学模式的基本特征。在传统教学模式中，体育教学和其他学科一样，教师往往处于教学的中心，学生往往需要"跟着教师的节奏走"，并按照教师设定的内容、方式、进度、目标学习。在这一模式下，学生的学习很大程度上是被动的，学生按照既定的模式学习，一方面没有充分结合自身的特点和个体差异，同时也使得教师的教学墨守成规，学生的主观能动性和积极性受到一定程度上的限制。

在自主教学模式中，教师首先关注的是学生的个体特征，并将学生作为整个教学的核心，所有的教学工作必须紧紧围绕学生展开，同时学生在教学中也必须扮演起重要的角色。在这一教学模式中，学生应该根据自身兴趣、爱好和个人特质，结合教学实际情况，和教师一起确定教学的主题、方式和内容，并在教师的指导和帮助下自主学习，自行选择学习目标、内容和方法，并积极主动地推进教学，充分发挥自身的主观能动性，逐步成为体育教学中体育知识、体育技能和方法模式的构建者。

2.教学有效性

在教学实践中，要想在教师讲的内容都一样的情况下，让学生的学习效果产生差异，就应该鼓励学生进行相当程度的自我学习。正是自主教学的深入开展，让学生学会了发现问题、解决问题，并提高了自我分析、理解的能力，实现了从"鱼"到"渔"的过渡。由此可见，自主教学模式的学习是有效的。在这一模式中，学生积极主动地成为主体，自主教学模式水平越高，学生的学习效果往往就越好，学校体育教学的质量通常也就越高。

3.相对独立性

自主教学模式和传统的自学既有联系也有区别，虽然两者都鼓励学生在整个学习过程中充分发挥自身的主观能动性，摆脱对他人的依赖，实现自身学习能力的提升，但是自主教学模式同时也强调自主学习过程的系统化，强调教师的引导与帮助，强调学生之间的分享与交流。因此，自主学习系统的独立是相对的，学生不可能脱离教师和学校，完全独立地学习。

相对独立性体现在两个层面：从宏观来看，学生作为体育自主教学模式中的主要构成元素，不能完全独立，而其他构成元素如教学目标、教学内容、教学方式和体育训练的内容、阶段、时间等，学生不可能完全脱离教师的指导和帮助；从微观来看，每一个元素从开始到设计，再到实施及总结的过程，学生也需要来自教师和同学的资源共享、帮助与支持。因而，高校体育教学中自主教学模式的独立性是相对的，需要分清学生的学习在哪些方面和过程是自主的，只有这样才能设计出更加符合教学实际的自主教学模式。

4.情感丰富性

情感是现代教育中一个重要的概念，情感教育的兴起便是对这一要素的深入挖掘。情感对于教学具有明显的影响作用，积极乐观的情感会对教学产生积极的推动作用，而压抑消极的情感则无疑会对教学产生负面作用。在自主教学模式中，学生的主观能动性得到积极调动，其情感得到释放和良性的引导。和传统的教学模式相比，学生在自主教学模式中往往可以表现出更加丰富的情感和积极的情绪。自主教学模式带来的轻松活泼的课堂气氛，互助共享的教学资源及给予学生的展示平台，都将有力地推动学生正面情绪的释放，而这种正面积极情绪的释放，将对教学产生积极的推动作用，同时拉近教学双方的距离。

5.范围有限性

自主教学模式并不适用于所有的教学，因为对于某些要求极高且教学资源十分集中的高精尖项目，采用自主教学模式未必适用，或者是教学环境不允许教师采用自主教学模式。因此，在教学实践中必须注意，并不是所有的教学内容都可以完全采用自主教学模式，很可能某些学科只能部分采用或借鉴其思维。高校的体育教学目标和其他学科的教学目标存在巨大差异。通常来说，高校的体育教学并没有在知识模式方面确定严格的教学目标，更多的是让学生认识体育，热爱体育，并建立起积极乐观的心态，培养坚持体育锻炼的习惯，从而全面提升国民的综合身体素质。因此，高校体育教学是灵活及自由的，只要能实现最终教学目的，无须拘泥于传统的教学模式。

（二）高校体育自主教学模式的构建

1.高校体育自主学习模式的构建策略

（1）强化学生自主学习的理念

在多数学生的观念中，体育课就是打球、跑步，然后获得相应的学分，对体育课本质缺乏理解和认识，体会不到体育锻炼对增强身体素质的重要意义。为此，应该采取如下措施：

第一，改变学生的传统观念，使学生认识到体育课对提升自身身体素质的重要性。让学生了解自主学习体育课程能提升自身的交际能力，同时有效提高自身解决问题的能力，从而更好地适应未来社会的发展需要。这样能够增强学生自主学习的意识，树立自主学习的观念，积极主动地、发自内心地参与到体育锻炼和体育知识的学习当中，从而有效地提升学生自主学习的能力。

第二，促使学生正确认识自我。高校学生体育课程的选择和体育锻炼计划的制订，都要以学生的身体条件为依据。所以，学生要对自身的状况有全面的了解和正确的定位。只有这样，才能够确定适合自己的学习目标，进而制订相应的学习和锻炼计划。

第三，增强学生自我监控与调节能力。在培养学生自主学习能力的过程中，教师要注意培养学生自我监控和调节的能力，让学生通过自我测试和反省等方式，控制和调节自己的学习目标和锻炼计划，及时改变学习策略和方法，及时评价自己获得的能力、技能和知识。帮助学生树立自信，扬长避短，不断激发学生学习的创造性和积极性，为自主学习能力的提升创造空间。

（2）打造"自主选择"的体育学习模式

在高校体育自主学习过程中，教师应充分尊重学生，根据学生的不同情况，适时打造"自主选择"式学习模式，努力提高体育学习质量。"自主选择"式学习模式主要包括自主选择学习的时间、内容和方法等方面。

第一，"自主选择"体育学习时间。

在大学阶段，学校的教学管理形式是学分制，这种制度给予学生在课程选择上较大的自由，学生可以根据自己的具体情况来安排体育课的上课时间，不管是专项体育课，还是普修的体育课。除了学分制之外，学校还应该有针对性地创造条件，让学生自由选择上课时间，这样能够有效地激发学生上体育课的积极性，在保证与原有学分制同步管理的同时，有效地提升学生的自主学习能力。

第二，"自主选择"体育学习内容。

学校应该不断地丰富体育课可选择的教学内容，给学生更多的、依据自己的兴趣爱好自由选择的机会，但是高校需注意调控学生的学习活动，加强教学管理。

在高校体育自主教学过程中，应注意教学侧重点：一是充分利用高校丰富的体育资源，给学生更大的自主选择空间。在公共体育课上，要尽量根据学生的兴趣爱好来安排教材的内容；在专项体育课上，在完成统一教学内容之后，尽可能留出适当的时间给不同基础的学生开展自主学习和锻炼。二是学生自主选择教学内容之后，教师要加强对教学的监督和管理，对学习要求有严格的标准，并安排相应的人员组织学生之间相互交流和学习，在这一过程中教师要适时给予指导，保证学生学习的质量。

第三，"自主选择"体育学习方法。

每个人的身体素质都存在着非常大的差异，所以教师需要因材施教，根据学生对教学内容理解和接受能力的不同，引导学生自主选择适合自己的练习方法。此外，在教授不严格要求技术规范的教学内容时，教师不应限制学生的练习方法，允许学生用不同的方式完成同一内容的练习。例如，在篮球运球训练时，教师应该引导学生以个人独立、小组合作等不同模式学习运球，并且结合运球竞赛、游戏等方式，激发学生自主学习的积极性。

2.建立并完善科学合理的自主教学教育模式

建立一个科学合理的自主教育模式是发展高校体育自主学习的基础，为此，应该彻底改变传统高校体育教育的教师本位思想，将学生完完全全作为教学的核心，所有的教学活动都围绕学生展开。建立这样的模式，应该考虑到以下一些因素：

（1）组织引导系统

组织引导系统是高校体育自主教学模式的首要环节，也是这一系统的基础和流程导向，具有重要的基础性作用。组织引导系统的主要作用在于宣传自主教学模式的理念和基本模式，并通过宣传让学生逐步认识、感知并接受这一新兴的教学模式。此外，组织引导系统的另一重要作用在于激发学生对自主教学模式的参与热情。通过丰富多样的形式将学生引入相关体育教学之中，并让学生对学习产生深入理解和自我挖掘、自我探索的欲望。可以这样说，组织引导系统是激发学生参与自主学习的首要和关键性环节，这一环节将为高校体育自主教学模式提供强大的原动力。

组织引导系统的核心在于教师的组织和规划。教师应该对教学目标进行宏观设置和整体把控，并进一步将目标细化为整体目标和阶段性目标，根据目标的设置，规划相应的课程与教学手段。在组织引导阶段，课堂教学的内容与形式十分重要，需要快速抓住学生的注意力和兴趣，并给予其广阔的想象空间，这对后续自主学习系统的推进十分必要。以课堂教学的引入为例，传统的体育教学往往缺乏课堂教学的引入环节，而在组织引导系统中，高校可以尝试通过热门的话题来展开课堂教学，即设置相应的课堂教学引入机制，如精彩的扣篮进球集锦视频等。这些内容紧扣教学内容，可以在很大程度上激发学生的兴趣和激情，对比传统的集合加解散模式，显然更有利于塑造教学氛围，并能够鼓励学生积极参与其中，在课堂的一开始便抓住学生的注意力，从而为后续教学带来方便。

（2）学习系统

学习系统是自主学习模式的核心组成部分，即建立并完善学生的学习模式。学习系统主要包括内容和方式两个层面，这也是学习系统需要明确的两个基本要素。内容，即学生需要明确地选择学习内容，这一内容可以是多样的，但应该充分结合学生的个人身体特质和兴趣爱好，经过教师的帮扶和建议，最终确定；而形式则是指学生自主学习的方法，学生可以自己进行，也可以分小组进行。分组进行是常用的一种学习系统方式，其学习效果也比较突出，高校可以在学习系统中参考这一模式。教师根据学生的意愿和自身的教学计划综合划分小组，并对各个小组设立考评机制，主要根据小组学习情况和最终教学目标的实现程度进行评价。这样，小组之间便可以形成良性竞争的机制，而在小组内部，各个成员之间亦可以分享经验，在学习上互帮互助，从而在内、外两个层面提升学习系统的效率和教学效果。

除了内容与方式两个基本层面，学习系统还需要设置一定的后续配合内容。例如，当学生选择学习内容后，教师便可在期末的体育检测增设学生自己选择的项目考核并保持一定的权重，这样会使学生在选择的时候十分用心，能够充分结合自身的实际情况，且后期学习也十分努力。此外，教师可以在课堂上组织大家讨论采用什么样的方式来教学，讨论之后，教师综合考量大家的意见，再实行。总之，学习系统的建立不能脱离以学生为核心。

（3）过程控制系统

过程控制系统属于自主教学模式中的控制性和辅助性环节，也是自主教学模式区别于传统自学的重要因素。一般来说，过程控制模式分为两个部分，即帮助和监管，高校可以基于这两个模块构建过程控制系统。

帮助模块主要解决学生自主学习过程中遇到的各种问题。由于体育运动的内容深入社会生活中的各个层面，学生在自主学习的过程中，不可避免地会遇到各种学习和体育运动实践方面的问题，如锻炼方式、运动技巧、各项体育运动的细节动作、比赛规则等。如果没有科学有效的帮助系统，那么学生的疑问将会越积越多，最终严重影响自主教学模式的推进。在帮助模块中，可以设置师生之间、学生之间和小组之间等多种形式的帮助，学生可以自我解决，也可以讨论解决，还可以寻求教师的帮助。学生通过帮助模块，可以及时有效地解决在自主学习过程中遇到的疑问。

除了帮助模块，监管模块也是过程控制模式的重要组成部分。在推进自主学习模式的过程中，教师必须监管整个过程，保证教学的正常进行，同时保证教学目标的实现。换言之，教师必须通过一定的手段，及时有效地掌握学生学习情况，当出现偏差或者教学环境发生变化时，教师应当及时调整教学计划和自主教学模式。监管模块的方式十分多样，如教师可以定期开展座谈会，开展学生小组内部讨论和小组之间的讨论，在讨论中分享学习经验，共同探讨学习问题。通过这样的讨论，教师可以及时地把握学生的学习动向，以便于洞察当中存在的问题，进而纠正错误并做出调整。从这一层面来看，过程控制系统是保证自主教学模式按照既定模式发展的有效保证，这一系统的缺乏，将很容易导致自主教学模式变得散乱无序，进而偏离教学目标。

3.分层教育法的构建

分层教育法是近年来兴起的一种全新教育模式，特别适合大学教育，和高校体育自主教学模式的构建有着良好的切入度。根据目前的教学实践效果来看，分层教育系统是实现和推动自主教育模式发展的强大工具和有效手段。分层教育法的主要特点在于对学生群体的重新划分，它充分结合了自主学习的特征与客观要求，更加重视学生的个体差异与个体特征，从根本上颠覆了传统体育教育的模式和教学目标，在灵活开放的大学教学环境中特别适用。

在目前的高校体育教育中，体育教育类别的划分往往比较粗略，仅仅是区分专业类与非专业类的学生，而大量的非体育专业学生沿用一个教育模式。除了进行专项培训的学生之外，其余学生统一划为非专业类，对这类学生采用公共教育课程和体育兴趣选修相结合的模式进行教学。这一模式沿用多年，取得了一定的教学效果，但是面对素质教育的深入拓展和教学环境的变化，逐渐显现出越来越多的问题。学生的个体意识不断增强，兴趣爱好各不相同，且体育基础和发展锻炼方向各有差异。不仅如此，在非体育专业学生群体中，也不乏对体育运动充满激情，渴望得到专业培训的学生，而传统的划分模式，对这些问题的处理能力显然不足。

4.建立科学人性化的检测模式

在传统教学中，教学检测是体育教学的末端环节。实际上，每一次教学检测都是对整个教学系统和教学效果的总结与评价。教师的总结与分析，可以为后续教学的改进与进一步发展提供有效的支撑依据，因而科学的、有人性化的教学检测模式，对教学模式的实施与发展同样具有重要意义，对于自主学习模式而言，亦是如此。在体育教学的检测模式方面，大多数教师采用的是"评分制"和"及格线"的模式，即根据学生学习的内容设置相应的考试内容，如立定跳远、跳高、短跑、长跑等，根据学生的测试成绩打分，再判断是否及格。当然，在素质教育不断深化的今天，测试的手段和内容在不断丰富和发展，考试的内容也趋于多样化，如结合学生实际开设乒乓球测试、网球测试等项目，同时引入许多先进的体能测试设备，在提升检测精度的同时提高检测活动的趣味性。可以说，这些措施是行之有效的，相比传统单一、生硬的检测模式更加有效生动。但是必须注意，在现代化的检测模式下，"评分制"和"及格线"的模式并未得到根本性的转变。在这一传统模式的影响下，体育教学效果检测受到较大不利影响，具体如下：

第一，学生的身体机能和体育综合素养存在必然的差别，划分统一的"及格线"显然不够准确和科学。

第二，对于学生的测试结果，简单地以是否"及格"来评价，显得太过粗略，对于学生后期学习的改进和教学方法的调整并没有明确的指导作用。

第三，这种检测评价模式很容易挫伤部分学生的自尊心，从而进一步削弱其参加体育运动的兴趣与热情，甚至对体育教学产生抵触情绪，这对高校的体育教学十分不利。

第四，为了完善自主教学模式，高校在体育检测环节应该尝试更加人性化和更加科学的模式，只有这样，才能真正有效地检测自主学习效果，同时为后续教学工作的调整提供有效的支撑。

5.积极扩展课堂外延

为了发展自主教学，必须将体育教学的课堂从单纯的操场分离出来，将普通教室、多媒体教室、网络化教室等元素引入体育教学。以跳远的教学为例，传统教学方式就是教师简单示范后，学生反复练习，关于其中的细节动作和技巧，教师的讲解未必能让学生充分理解，有时教师的示范本身就不甚标准。若教师扩展课堂外延，在简单讲解之后，在多媒体教室给学生播放跳远比赛的视频，这样效果更直观，学生也更容易理解。教师在教室中可以组织学生讨论，激发学生的学习热情，从而为自主学习的开展带来便利。

不仅如此，开展第二课堂也是发展自主学习的有效方式，高校可以经常开展篮球比赛、乒乓球比赛、羽毛球比赛等活动，这样的活动很容易吸引学生参加。为了在比赛中有较好的表现，学生会为相应的活动做精心的准备和大量的练习，在这个过程中不可避免地会学习和研究相关的体育知识和技巧，这其实在很大程度上推动了自主学习的发展。

6.加强现代科技与自主学习的结合

（1）加强 CAI 系统与体育教学的结合

CAI（Computer Aided Instruction，计算机辅助教学）系统凭借其强大的多媒体功能和良好的互动性在教学中得到了广泛的运用。体育教学强调身体语言，不论是广播体操、篮球、乒乓球，还是羽毛球，都是由一整套复杂连续且节奏较快的动作组成，传统的讲解很难让学生产生直观的印象，学生把握不住当中的难点与易错点。教师可以借助 CAI 系统，给学生播放相关视频，让学生对整套动作和流程有一个非常直观的印象。以广播体操为例，教师可以给学生播放国家体育总局制作的标准动作示范，在此基础上，给学生讲解当中的要点，这样给学生的印象才十分深刻。对于体操动作当中的难点，教师可以暂停、慢放、定格、反复重放，让学生看清楚，也可以及时地组织讨论，保证学生能够真正地理解当中的要点。

（2）逐步推广新型课件化教学系统

课件化教学系统主要由播放设备、投影设备和遥控设备组成，用户群日益庞大，网络资源也十分丰富。以篮球教学为例，篮球运动十分剧烈，不论是相关动作还是复杂的规则都不易讲解清楚。对此，教师可以制作形象生动的课件，在课件中融入图像、视频等元素。由于课件系统高度的自创性，因此 CAI 系统更加人性化。比如，"单手肩上投篮"是一个常用的投篮动作，可以在课件中以动画的形式，分解当中的"蹬、伸、屈、拨"等关键性动作，还可以用动画小游戏的形式，让学生进一步加深自己对所学内容的印象。

（3）搭建网络教学平台

网络教学平台并不是新生事物，在我国的高校教育中也得到了较为普遍的推广，利用校园网、学生电脑端口和学校的资源库，学生可以及时查阅、下载相关信息，并完成教学、考试、报名和缴费等一系列操作，其便利性和完善性较好，这为搭建体育自主学习模式网络教学平台提供了良好的基础平台。

虽然网络平台在教学管理和部分学科教学中得到广泛应用，但在高校体育教学领域并没有被充分利用。体育教学在很大程度上更加重视操场和场地训练的作用。实际上，在自主教学模式中，教学双方及学生之间及时有效地沟通交流和资源共享是十分重要的，这贯穿于组织引导、学习、过程控制和总结评价这四个子系统。因此，高校应该充分利用自身已经具备的校园网络软、硬件设备，加快构建体育自主学习网络平台。

二、高校快乐体育教学模式

（一）概述

1.快乐体育的基本要素

（1）情感驱动

教师应教学中引起学生快乐和成功的情感体验；教师应从情感教学入手，以自己对学生、对教材、对教学活动的热爱，来激发学生勤奋学习；教师应建立民主、合作的师生关系。

（2）协同教学

协同教学是指运用协同论的原理，在体育教学过程中重视教与学诸要素之间的参量配置、协调、同步及互补，以形成体育教学活动协同高效的运行机制，使体育教学的整体功能得以放大、增值。协同教学要求启发式的教法与创造性教法有机统一，其突出特点是在内容上强调"发现学习"，在形式上强调"学习过程自组"。

（3）增力评价

增力评价由口头的形成性评价和激励性评价组成，是一种即时的教学反馈。在具体运用时，应注意以下几点：

第一，形成性评价要及时、准确，激励性评价要适时并保持较高的频率。

第二，要有效实用。

第三，要避免超负荷。

第四，要强调多项性。

（4）快乐体验

快乐体验主要指快乐的运动体验与成功体验，在教学中强调不同的体育活动所独具的乐趣。实践中应强调以下几点：

第一，教材要适合学生的身心特点，照顾学生的体育兴趣，满足他们的体育需要。

第二，"情知交融"，使学生产生强烈的学习欲望。

第三，加强学法指导，使学生在"要学"的基础上做到"会学"。

第四，强调非同步化教学，要因材施教，区别对待，力求使每个学生都有自己的学习目标和自我实现的机会。

2.快乐体育教学模式的基本内涵

（1）注重学生在体育教学过程中的主体地位

快乐体育十分重视体育教学过程中学生的主体地位，在教学中充分发挥学生的内因作用，即学生的主体作用。快乐体育理论认为，重视学生的主体地位，激发和维持学生学习的兴趣与动机，是提高教学效果的有效手段。从人的发展来看，兴趣与动机是构成人的人格特征的重要组成部分。另外，学生从事体育学习的基础、追求目标、个性心理、学习的方式等均不相同，教师只有最大限度地适应学生的需要，因材施教，积极地鼓励、引导学生，才能取得良好的教学效果。

（2）建立和谐的师生关系

体育教学是双向多边、复杂的活动。体育教师掌握着教学方向、进度和内容，用自己良好的思想品德、丰富的知识、高超的运动技艺、活泼生动的形象，持续教育和影响学生，在教学中发挥主导作用。学生是学习的主体，其学习目的、态度、动机、积极性、身体状况、兴趣、思维能力和情绪等都直接影响教学效果。快乐体育强调在体育教学中，师生之间、生生之间都存在双向信息交流，因此需要建立和谐的师生关系、生与生的关系。

（3）追求学生个性的和谐发展

快乐体育认为推动学生个性的和谐发展是快乐体育思想的根本精神所在。快乐体育与学生的个性发展存在辩证关系，一方面是学生的个性倾向性和个性发展水平，在选择运动项目，以及参与运动项目的积极性和主动性等方面充分表现出来；另一方面快乐体育的过程又能促进学生个性的和谐发展，帮助学生更深地挖掘从事体育运动项目的潜力和参与运动的乐趣。这两方面相辅相成，在增强学生体质的基础上，促进所有学生在智力、心理素质、美育和能力等方面得到发展。在快乐体育的思想指导下，培养学生的独立性、自主性、创造性，以及热爱美、鉴赏美、表现美的情感和能力，丰富学生精神生活，促使学生个性的全面发展。

（4）体育教学活动本身应是快乐的、有吸引力的

体育教学艺术的本质在于促进学生乐于进行体育学习，学生们自发、自主地学习活动，是深化追求运动乐趣的体育学习的重要条件，满足学生们的运动需求就会产生运动

的乐趣。这种需求的水平越高、越明确，其满足后能获得的喜悦也就越大。因此，体育课不能带有教师强制性，而必须使学生自发、自主地享受运动中的乐趣。丰富多样、生动活泼的教学方法，新颖有趣、逻辑性强的教学内容，可以不断地引导学生关注新的探究活动，从而激发学生更高水平的求知欲。

（5）开展思想品德教育和提高运动技能

体育教学不仅要育体，而且要育心。社会越向前发展，对人的道德情操和适应社会生活的能力的要求也越高。体育教学可以培养学生的个人行为，使学生具备一定的适应社会生活要求的能力，具有符合时代精神的思想品德、文明修养、道德情操等。快乐体育在注重学生的主体地位和发展学生个性的同时，也要求学生积极参与，提高运动技能，培养学生终身体育的能力和习惯。

3.快乐体育教学模式的实施原则

（1）教育性原则

在体育教学中，渗透德育是体育教学的基本要求。快乐体育以"乐学"为支撑点，更加广泛而深刻地培养学生良好的心理素质，包括目的、兴趣、情感、意志等全部非智力因素。

（2）趣味性原则

教师乐教，学生乐学，能够形成良好的教学气氛。这种教学气氛使学生在轻松的、舒适的、快乐的环境中上体育课，学生能够快乐地学会动作及技术。

（3）情境性原则

将体育教学活动置于一定的情境之中，使学生贴近生活，使体育学习变得亲切、自由和愉快。

（4）激励性原则

在教学中，一方面要"激情""激趣""激志"，激发学生主动学习精神；另一方面要"激疑""激思""激智"，激发学生的心智活动，达成"在快乐中求发展，在发展中求快乐"的目标。

（5）实效性原则

高校快乐体育教学模式的近期目标是培养学生良好的学习习惯和乐学精神，提高教学质量；远期目标是面向终身体育，发展体育素质。

（二）体育游戏与快乐体育教学模式重构

1.体育游戏的内涵

作为一种社会现象，体育游戏随着人类社会的产生和发展而不断发展。在人类社会漫长的历史中，体育游戏经历了由萌生、发展到不断完善的过程。有学者提出，体育游戏是游戏的一种，是以身体练习为基本手段，以增强体质、娱乐身心、陶冶性情为目的的一种现代游戏方法。它是按照一定目的和规则进行的一种有组织的体育活动，也是一种有意识的、有创造性和主动性的活动，其基本特征是大众性、普及性和娱乐性。也有资料指明，体育游戏是以游戏为活动形式，以身体练习为基本内容，以促进全面发展为目的，按照一定规则进行，具有浓厚娱乐气息的一种特殊的体育运动。它对增强人体能力和智力、陶冶情操、培养锻炼兴趣起着积极作用。

综合以上对"游戏"和"体育"含义的理解，可以明确体育游戏的定义，即体育游戏是按照一定目的和规则进行的有组织的，以身体练习为基本手段，以促进人身心全面发展为目的，是体力活动和智力活动相结合、富有浓厚娱乐气息和鲜明教育意义的自主活动。由于体育游戏理论是游戏理论的一个分支理论，所以具有完整的有逻辑的游戏知识体系。

2.体育游戏的特征

（1）趣味性

游戏乃"玩物适情之事也"，即游戏能使人在精神上得到某种欢娱，能满足人们对娱乐的需求。尽管游戏不能直接创造物质财富，但是能吸引各种不同的对象主动参加。不管何种类型的游戏，有趣、好玩才能吸引学生参与游戏活动，并从中得到欢乐。体育游戏也是如此，所以趣味性是体育游戏的第一大特征。如果没有趣味性，则不能称之为"体育游戏"，而只能称之为"体育练习"或"身体练习"。

（2）教育性

体育游戏是学生的"良师"，是体育老师的"益友"。体育游戏教学能够丰富教学内容，激发学生的学习动机；培养学生的思维能力、创造能力和竞争力；提高学生的注意力，改善学生的心态；完善学生个性，培养学生的意志品质；建立良好的师生关系；提高学生的身体素质和健康水平，使学生在德、智、体、美、劳等方面全面发展。体育游戏教学实施并实现了"健康第一"的指导思想，在未来的体育教学中一定会发挥更大的作用。

（3）竞争性

体育游戏大多都具有以个人或集体取胜为目的的竞争性特征，通常以游戏完成的数量、质量和速度为判别胜负的依据。因此，它充分体现游戏参与者在体力和智力上竞争的特点。通过游戏活动，参与者可提高自身的身体活动能力、思维能力、应变能力和创造能力，并在游戏中培养参与者团结互助的集体主义精神，使参与者在竞争中获得精神上的满足。

（4）科学性

体育游戏在组织的过程中要考虑学生原有的知识、技能、身体素质和训练水平，根据由易到难、由浅入深的循序渐进的原则，对不同年龄和性别的学生区别对待，科学组织，做到因材施教。同时，游戏过程中要密切观察学生身体状况的变化情况，科学合理地掌握运动密度和运动量。

3.基于体育游戏的快乐体育教学模式重构措施

（1）贯彻"安全""健康""娱乐"三者统一的教学指导思想

"安全"是体育教学中最先考虑的问题，忽视这个问题会带来严重的后果，限制体育活动的开展。"健康"成长是在保障安全的活动环境下，学生在德、智、体、美、劳等方面的全面发展。"健康"是体育教学的追求，而"娱乐"配合"健康"，在这里把两者并列，主要因为"娱乐"是"健康"不可或缺的途径。因此，只有统一三者，才能准确定位快乐体育教学的指导思想。三者合为一体是一个良好的教学指导思想，快乐体育的本身原则就在于更"安全"、更"健康"、更"娱乐"地完成课程，三者的关系相互联系、不可分割。"安全"是课程完成的基础，是学生的基本保障；要想实现"健康"的目的，需要通过锻炼方式来提高学生的身体素质；"娱乐"就是在前两者的基础上，采用娱乐身心的方式，来达到活跃身心健康的目的，这也是快乐体育所带来的一种教学效果。

（2）建立增强体质、促进人格完善的教学目标

众所周知，科学合理的体育活动能使身体更加健康。随着深入的研究，人们发现学生在积极参与运动的过程中，思维变得更加活跃和敏锐，创新能力大大提高。同时，由于受到活动环境的熏陶，学生能够加速形成个性社会化，而学生认知能力的培养和个性社会化的形成则能促进人格的完善。社会的发展对于人才的要求越来越高，人本身的基本素质也需要提高，在基础的课程中，培养学生身体素质、健康能力是体育课的目标之一。快乐体育把学生的状态调动起来，在环境因素影响的同时，学生的身体得到锻炼，

思维方式得到锻炼，从而达到体育课的教学目标。

（3）建立"因人而异"的教材体系，实施"因材施教"的教学方法

教学方式及教学方法是教学课程的基本体系，好的教学方法能更好地完成教学，有针对性地采用好的教学方法能够更好地提高教学质量。学生受到诸多因素的影响，其素质表现出明显的个体差异，因此教师要根据实际情况因材施教，具体在选择教学内容和方法及制定练习的难度与要求时，表现出选择和制定上的灵活性，尽量满足每个个体的实际需求。人性化的教学更好地体现了快乐体育教学模式的重要性，因人而异地来进行教学。

（4）以培养学生身体发展为目标，不断创新教学内容

如今的体育课程大多以传授基本技术、基本学习方法为主，始终没有使学生更好地理解和掌握技术。教师应当在教学过程中运用多种游戏方法，以此提高学生的积极性，促进学生的身心发展。要想让学生在娱乐的过程中学到知识，可以通过有趣的游戏和恰当的教学方法来实现。游戏的理论基础颇深，在运用上没有局限性，但教师在安排教学内容时要体现一定的人文因素。需要注意的是，教师不能把体育课变成游戏课，而应当用游戏的方法和理论去辅助教学，达到良好的教学效果。

（5）形成以教师为主导，教师与学生共同为"主体"的教学群体

学生虽然是学习的主体，但其所需要的体育知识、技能，仍然需要由教师来传授；学生在学习中的自学积极性，需要由教师来激发和培养；学生自主学习、合作学习和探究学习，也离不开教师的指导。因此，教师在发挥主导作用的过程中，也要与学生一起感受和体验，共同互动，让体育教学过程中的所有成员成为一个信息反馈系统。

（6）以重视情感投入为主，完善培养学生自主学习和合作学习的教学过程

体育教学的过程不仅是体育知识、技能的传递过程，而且还伴随师生之间的情绪、情感交流，伴随态度和行为方式的相互作用与影响。教师根据学生的自身需求，激发学生兴趣，使其最后变成学习动机。传统教学模式中，学生相对处于被动的状态，这种模式会产生许多弊端，而学习动机能在一定程度上克服这些弊端，培养学生学习的自主性，也能改善师生关系和生生关系，从而在活动过程中为学生提供愉快的学习环境，有利于营造和谐合作的学习气氛。

（三）高校快乐体育教学模式的应用

1.理论基础与实践结合

每种教学模式的创新都需要扎实的理论基础作为支撑，在不断地摸索实践中进步和完善。快乐体育教学想要实现模式创新，不仅要在教学内容、教学方式和教学评价方式等方面下足功夫，还要注意调整实际运用中的变化方向。结合不同的时期、不同的教师、不同的学生等多方面的因素，实现灵活性、多样化的教学。

2.情绪感染，调动学生的学习热情

在快乐体育教学过程中，教师的热身设置非常重要。如果加入情绪预热，可以帮助学生在最短的时间内参与互动。在传统的体育教学中，教师在传授运动技能或是布置体育课上的活动内容时，"说教"占据相当大的部分，体育教师与学生之间侧重的是"教育"，体育教师在肢体语言运用技能上的缺失，会导致情绪感染严重不足，很难调动学生的学习热情。如果再加上难懂的各种技术动作和相关术语，学生与教师交流的主动性与互动性就会趋弱，最终导致快乐体育的教学目标难以完全实现。

3.强调学生的主体性

教师在实施快乐体育教学时，所采用的组织形式应以学生为主体，在各个环节中体现学生的主体性，带动学生的主观意愿。需要注意的是，在强调学生的主体性时，要杜绝盲目地以学生为先。例如，在设计掌握技能教学模式中，教师可以让学生选择自己擅长的体育技能，并同步录入教学系统，然后根据学生的自身特点制定健身运动的方式。此外，还可以在目标教学中，让学生自己选择符合自身能力的学习目标。

4.体育教学手段要丰富多元化

快乐体育教学中包括教材内容、教学方法、教学形式及教学评价等内容。因此，快乐体育教学模式的创新就需要在这些环节中体现出来。例如，在增强大学生体能教学的过程中，可以引入我国竞技体育领域中发展较快的体能训练方法，提高学生核心力量等。抑或将拓展训练的形式与体育教学结合起来，并引入健康周期理论，做好运动技能评价等。

5.体育游戏让学生收获快乐

大多数学生潜意识里认为体育课应以"玩"为主，因此教师就应该抓住学生"爱玩"的心理，同时结合教材来组织体育游戏练习。体育游戏具有组织形式生动活泼、内容丰

富多彩、操作简单易行等特点，能够在给予学生充分的愉悦体验的同时，将体育教学的目标充分渗透进去。

6.利用现代科技发展促进体育课程改革

伴随着科技革命的不断深入发展，学科之间的渗透与交叉、分化与综合、知识结构的变化，推动着体育课运用新的教学手段、组织形式和教学方法，最大限度地调动学生的积极性和主动性。快乐体育强调体育教学中应注意满足学生的动机需要，让学生愉快、自主地从事体育学习与锻炼，充分发挥学生现有的能力去从事、创造、享受体育运动，使学生在运动过程中自觉积极地发展体能、提高运动技能。

7.培养学生对体育运动的兴趣

教师要遵循运动技能的形成规律，以系统传授运动技能为核心，注重对技能掌握效果的评价。在体育的教学过程中，教师要重视对学生体育能力的培养，使学生从体育锻炼中体验到乐趣，激发学生长期参加体育锻炼的欲望和兴趣，为其今后的终身体育锻炼奠定坚实的基础。

三、高校体育网络教学模式

（一）概述

1.相关概念

（1）网络教学

网络教学是利用计算机设备和互联网技术，实行信息化教育的教学模式。借助互联网平台实现异地、实时的教学和学习，平台将多媒体视频、音频、图像和动画等资源融合在一起。网络教学的主体是教师和学生，教师在制作多媒体课件或开发网络课程时，参考教学大纲、学生学习特征和学生认知水平，有针对性地调整课程、课件内容，将制作好的多媒体课件或网络课程，以及相关资源、扩展信息发布到网络教学平台。学生则通过网络设备接入网络学习平台，学生可按教学要求选择课程或针对自身特点学习，师生双方可通过平台的交流模块，提出学习问题，并及时交流。

（2）教学管理

教学管理是学校正常教学秩序的保障。教学管理者采取一定的管理手段，使学生按照学校既定的培养方案学习，包括教学大纲、教学计划、教学运行、教学质量评估、学籍的异动审批，以及学科、专业、教室、考场等管理。在确保正常教学秩序的前提下，辅助与监管教师及学生在校期间开展的各类活动。

（3）网络教学管理平台

网络教学平台建立在以互联网为基础的现代远程教育的支撑平台上，为在网络上学习的学习者和教育者提供交流的平台，方便教育者授课、答疑、讨论及完成作业的批注。网络教学平台是支持共享和交互的平台，为学生学习质量提供一定的保障，且符合统一的标准。网络教学平台是现代网络教学必备的教学支撑平台。

网络教学管理平台建立在网络教学平台的基础上，教师可以在教学平台上开设教学课程，方便学习者自主选择要学习的课程并选择自主学习内容。不同学习者根据教学内容来交流互动，教学活动围绕着教师的教和学生的学来开展，方便教师和学生讨论和交流。网络教学管理平台是支撑教学活动最重要的应用管理系统，为教师和学生提供了强大的施教和网上学习的环境。同时，网络教学管理平台融合了学校教务管理平台的内容，教师可以在平台上对学生的作业做出批注，也可以编辑教学课件，还可以在线给学生布置测试题等。平台可根据教学的课程需要，定制个性化的学习工具。同时，学生也可以在平台上选修课程，安排学习计划，查看选修课程的内容，向教师提交作业，汇报协作学习的情况等。

2.理论基础

（1）教育传播理论

教育传播理论是教学技术的重要理论基础。现代远程教育的教与学活动，是一种以教与学异地分离为特征，以媒体传播信息为特点，以学习者的自主学习为主的获取知识的学习形式。教育者按照一定的教育目的和要求，选定教育内容，并借助媒体通道，将知识、技能及思想等传输给特定的教育对象。

（2）人本主义理论

人本主义理论主要体现在以"培养完整的人"或"自我实现"为目标，强调人的认知发展和情意发展的统一，强调人的情意发展和认知发展的统一。同时罗杰斯认为人的学习倾向和内在潜力是天生的，保持学生的好奇心将会推动终身学习的发展。好奇心可以帮助学生解决学习中的困难，可以不断激发学生自主学习的潜力。从这个意义上说，网络教学管理平台的个性化学习，有利于学生实现"自我目标"，网络教学管理平台以兴趣为引导点，推动学生学习，提高学习效率与品质。

（3）混合学习理论

混合学习理论的主要特点是将现代教学与传统教学融合在一起，综合运用不同的教学手段来满足不同的教学需求。在传统的教学中，只要存在不同教学手段的结合，就可以称为"混合式"，如在课堂中播放录音、录像等。教师需要对"混合"的内涵有充分认识，才能将教学活动有效地体现出混合式学习，并将混合式学习的思想融入教学活动之中。

在网络教学平台的教学活动中，教师将传统学习与网络学习结合起来。根据学习者自身的特点和教学内容要求，针对实际的教学环境和教学条件，选择多种传递通道完成知识传输，而不局限于任何一种教学方法、教学手段和教学设施。同时，在教师有效的引导和规划下，学习者可以根据自己的能力，自定学习的步调，这样有利于取得更好的学习效果。

（4）绩效评价理论

绩效评价理论是组织依照预先确定的量化指标及评价标准，运用科学的评价方法，对评价对象的工作能力、工作业绩进行定期或不定期的考核与评价。在网络教学管理平台中，师生双方均可互相评价、互相监管。同时，引入第三方监管机制（即教务部门）对师生同时监管，这样既可以考核、评价教师日常教学活动的开展、课件资源的上传、师生日常的交流等情况，又能够及时掌握学生完成课程进度、日常考试、教师评议、学业完成情况等。在一定程度上，绩效评价理论能够督促师生双方有序地进行教学活动，保证教学顺利开展。

（二）网络教学模式在高校体育教学中的应用

1.网络技术在高校体育教学中的应用发展的特点

网络技术应用于高校教学的快速发展和变化，是以网络技术为核心，运用网络平台，实现高校师生之间教学辅助功能的过程。与传统模式下的高校体育教学相比，高校体育教学的信息化、智能化，是计算机网络技术、信息技术高速发展的必然结果。学校开展体育网络化教学，需要建立一个完善的体育教学管理系统，其中包含体育教学管理系统、体育教学资源管理系统及体育课堂教学的网络管理系统，从而营造基于互联网的信息化、智能化的体育教学环境。丰富的体育教学信息资源提高了网络技术的应用效率，能够有效地整合各个方面的体育教学资源，实现高校体育教学信息资源的及时整合与分享。通过网络技术，教师可以及时更新高校体育教学资源，及时满足体育教学知识更新的需求，为高校学生提供丰富的体育教学资源，提高学生自主学习的积极性。在高校体育教学中，学生需要突破被动"灌输式"的教育方式，根据自身需求设定符合自己特点的学习目标，从而极大地提高体育教学过程中自身的积极性。在这种新的体育教学环境中，体育教师不仅仅是传统体育教学中知识的教授者，也是学生自主学习过程中学习的引导者，这种新的体育教学环境可以丰富师生之间的交流渠道，便于学生在学习过程中接受教师的指导。这种模式极大地丰富了体育教学形式，改善了学生在体育课堂之外的学习环境，营造了不受时空限制的体育教学环境。总之，改进高校体育教学模式，有利于高校体育教学质量和效益的提高，而传统模式下的体育教学也能够得到开放性的发展。网络技术在体育教学中的应用，使得体育教学形式日趋多元化，高校体育教学过程中的环境更加自由，为学生提供了更加方便接受体育教育的教学形式。

网络技术应用于高校体育教学，使得高校体育教学更加适应时代发展的需求，这也是现代信息化社会发展对高校教学发展的现实需求。网络技术应用于高校体育教学，提高了高校体育学生的学习效率，这也是网络时代背景下学生学习知识的方式之一。体育知识的更新频率高、时效性快，将网络技术应用到高校体育教学之中，可以让学生及时接收到最新的体育信息。

网络技术飞速发展，各大高校越来越多地采用网络技术进行网上选课及教学管理。高校体育教学管理工作的智能化发展离不开网络技术的支持，运用网络技术开发教学网络管理系统，能够为高校体育教学繁重的管理工作带来了巨大帮助和改善。运用、建设体育教学网络管理系统，可以及时掌握学生体育课程的选课情况，方便高校教师结合所教授的体育专业课程及时调整教学计划，更加有效地应对高校体育教学的需要，全面详细地掌握本校体育类学科教学过程中教学资源的分配情况，并对本校体育教学的相关数据信息做出更加准确的统计。体育教学网络系统可以根据管理员及教师和学生操作人员的身份，以及功能需求的不同，来分配不同功能使用权限，保障体育教学网络管理系统的正常运行。管理员掌握整个系统数据库的安全操作权限；体育教师可以通过网络教学管理系统，及时了解体育教学所需的有关信息，了解所教授学生的学习进度与成果，从而方便教学计划的顺利实施；学生拥有查询自己考试成绩及管理选课等权限。

体育教学环境需要更加致力于发展学生个性、培养学生终身体育学习能力、促进学生综合素质的发展，从而最大限度地发挥网络技术对体育教学资源的整合作用，构建良好的体育教学环境，为实现终身体育作贡献。良好的体育教学环境对实现全面育人和终身体育的目标有着重要意义。

2.网络时代在高校体育教学中的应用策略

（1）体育信息化背景下高校体育教学改革的需要

体育教育是我国高等教育的重要组成部分，而高校现代化体育教学又是高等教育现代化发展进程中的重要环节。同时，高校体育教学在大学生接受高等教育的过程中，肩负着全面提高高校学生身体素质的重要使命，为推进现代化素质教育发挥着重要的作用。网络技术在高校体育教学中的应用，为改变传统高校体育教学模式提供了技术上的支持和保障，同时也为高校体育教育工作者未来信息化教学的发展带来难得的机遇。将网络技术应用在体育教学中，并与其他学科进行多学科教学辅助，整合后的教学方式得到了迅速发展，并且得到了学术界许多专家学者及高校体育教师和学生的认同，在网络技术运用于高校体育教学的过程中展现出其特有优势。与此同时，高校体育教学工作者在体育教学过程中，将网络技术融入传统体育教学过程中，设计新的教学模式，使网络技术更好地满足高校体育教学的需求，对高校体育教学的现代化发展起到良好的辅助作用。将网络技术应用到高校体育教学管理的工作中，可以有效地提升高校体育教学管理效率，为高校体育教师与学生提供良好的教学科研环境及更加便捷的交流途径。未来一段时期，网络将从根本上改变原有的高校体育教学模式，合理运用网络能够更加有效地整合高校体育教学资源，极大地推动高校体育教学的现代化发展。

建立和完善高校体育教学网络技术应用平台环境，需要加大高校计算机硬件设施的投入，加强高校校园体育网的建设。良好的高校体育教学网络技术平台环境是建设现代化高校体育教学的基础，其中包含了标准化的网络技术设施和系统化的教学软件。随着网络技术的快速发展，高校已经基本普及网络多媒体教室，使用大量的体育教学网络应用软件，高校体育教学网络技术平台的应用环境得到较好的硬件保障。良好的教学环境可以促使高校体育教师在体育教学中，更好地应用网络技术来完善高校体育教学。

随着当前网络时代背景下网络技术的发展与广泛应用，网络技术给高校体育教学带来的影响越来越深刻，应用网络技术的体育教学网络平台受到了广泛关注。在高校体育教学中应用网络技术，对营造良性教学环境也有要求，如果不具备良好的体育教学软件和网络硬件教学环境的支持，那么教师在体育教学的过程中就发挥不出应有的教学效果。高校应加大对高校体育教学软件开发的力度，使之可以更好地为高校体育教学提供优质的服务。在高校体育教学中运用多媒体网络教学，离不开体育教学网络资源的支持，丰富的体育教学课件和教学素材是高校体育教学的保障，高校应及时更新体育教学所需的网络教学资源库，增加体育教学所需的相关课件，共享体育教学所需的数据信息资料。

高校体育教学网络资源库的建立为高校体育课程提供了充足的体育教学资源，为体育教学课件的自主设计提供了丰富的体育教学素材，而且建立体育教学网络资源库也拓展了学生的学习途径。高校体育多媒体教学网络资源库的建立和完善，不仅离不开高校体育教师对体育教学资源的制作和搜集，还需要多方面的支持，及时建立有效的激励机制，提高师生积极性，使广大师生积极地加入体育多媒体教学网络资源库的建设中。高校之间应加强合作，实现体育教学资源库的共享，及时收录优秀的体育教学资源，并建立长期稳定的教学合作和共享关系，进而加强高校体育教学网络资源库的建设。

（2）改进传统体育教育模式，提高教学管理的质量和效率

在高校体育传统的教学模式中，体育教师普遍采用课堂讲述的方式，这种传统的教学形式和方法都比较单一，使得高校体育课程的教学效果较差。网络多媒体技术是集各种网络信息载体平台于一体的技术。通过网络技术，整合图文及视频动画等体育教学信息，是网络技术应用于高校体育教学的重要表现方式之一。

网络多媒体技术在体育教学中的应用，能够辅助高校体育教师开展教学工作，网络多媒体技术已经得到了高校体育教师的广泛认可。在高校体育教学中应用网络多媒体技术，可以针对高校体育教学的特点发挥其特有的优势，结合不同体育教学中实际情况，采用相对多样的体育教学课件制作软件，制作网络多媒体课件。这种做法有利于节约教学成本，提高高校体育教师工作效率，改进高校体育教学的质量。在高校体育教学中，教师在体育理论课程上所教授的各项运动技术的理论与方法、动作理论分析，以及运动技能的教学步骤、影响成绩的因素分析等，都需要有与之相应的图像解析和相应的视频教学，这样不仅能极大地提高学生课堂学习的积极性，还能增强课堂上体育教学的效果。在体育教学中运用网络技术，及时选择最新的优秀赛事，提取其中的运动员数据材料，截取精彩视频作为教学示范，这将较好地调动学生学习过程中的积极性。在体育教学过程中运用情境式教学可以使体育教学的效果成倍增加，利用网络多媒体技术对体育教学进行科学处理，是高校体育教学现代化发展的重要表现。

体育教学智能化的管理涉及高校体育教学的方方面面，体育教学网络信息化管理可以加快体育教学工作的进度，提高高校体育教学工作效率。高校体育教学管理还包括高校体育教学资料和文档的智能化管理，当前高校体育工作中存在着一些单调、烦琐、重复的细碎工作，如高校举行校园运动会，从校园运动会的报名准备、赛程编排，到各项赛事的成绩记录及对应的统计分析，都需要相关人员投入大量的精力。随着现代网络信息技术的快速发展，基于高校体育教学的实际需要，高校可以加强开发和运用体育教学

管理所需要的软件，从而推动高校体育教学智能化管理的发展。

现代化的高校体育教学不应仅仅局限于传统模式的体育教学方式，尤其在网络技术飞速发展的时代，将网络技术应用于高校体育教学已经成为未来高等体育教育发展的必然趋势。在体育教学中运用网络技术，有效地突破了时间与空间的限制，弥补了传统体育教学中的不足，极大地拓宽了学生体育学习的知识面，拓展了新的体育学习方式，丰富了高校体育教学内容，强化了高校体育教学效果，增强了学生在体育教学中自主学习的积极性，提高了高校体育教学的教学效率。

高校体育教学有其独有的特性，由于体育教学中体育运动项目的种类比较多，不同的运动项目，其运动技术相应也有所不同，在不同运动项目和运动技术的教学中都需要体育教师示范相应动作。由于种种原因，高校体育教师并不能保证每个动作都能做得完全符合标准。而网络技术在体育教学中的运用，有利于打破体育教师自身因素的限制，教师可以引用与相关体育课程所需的体育运动项目的标准，并整合运用到教学之中。这样有利于体育教师结合自身对该运动项目多年的体育教学实践经验，向学生传授知识与技能，达到更高标准的体育教学水平。网络多媒体技术能够将不同运动项目的技术动作全方位地展现在体育教学课堂上，同时还可以分解教学相应的体育运动项目中的细节动作。视频动画的视角转移，每个时间点的定格等，给学生在运动项目内的每个时间段呈现多个视角，保障学生对所学的体育运动项目的细节有科学直观的认识，激发学生对体育学习的兴趣，提高高校体育教学的效率。

网络信息技术作为体育教学技术的一种，其被广泛地应用到高校体育教学的课程之中，以促进高校学生对体育知识的学习。在当前高校体育教学过程中，不能一味地只教授单一体育学科的相关的体育知识、运动技能。在如今知识信息迅速更新的时代背景下，为了更好地提高高校的体育教学的效率，应该考虑将体育教学的课程与其他学科的课程整合在一起。

计算机网络技术与网络多媒体技术迅速发展，新的网络信息技术不断被运用到高校体育教学的课堂之中，并与体育教学的课程相结合，出现了许多新的现代化的体育教学模式和学习方式。在体育理论课程的教学中，教师通过集合网络多媒体技术设计课程，能使体育理论的教学过程变得形象生动，同时能够提高学生在体育课堂上的学习积极性和课堂学习效率。网络技术的运用可以使教师在体育教学中，对各项体育运动技术的分析更加细致、准确。在高校体育教学运动训练过程中，学生的体能监测十分重要，网络技术的运用促进了高校学生体能监测的科学化。通过网络技术，及时反馈每个学生在运动训练中的负荷等相关数据，并对数据加以合理系统的分析，从而达到体育教学过程中科学化的训练效果。在体能监测时借助先进的网络信息技术，可以使体能监测标准化，对体育教学过程中的运动训练进行及时的科学数据分析，并准确地保存相关的数据，有助于历史数据的统计和分析研究。运用网络信息技术可以使高校体育教学中运动训练计划更加合理化，从而跟踪体育教学中运动训练的全过程，包括训练的目标和制订的训练计划，以及实施训练的目标实现等。高校体育教学在保障学生掌握一定的运动技能的基础上，激发学生自主练习的积极性，使训练的过程更加科学有效。

（3）加强网络技术在体育教学中的普及与相关师资队伍建设

高校体育教师是高校体育教学过程中的指引者和实践者，高校体育教师是否具备现代化的教学技术运用理念，直接影响高校体育教师自身的教学行为。高校体育教学中网络技术的应用使传统模式下的体育教学理念和方式都发生了转变，有效地促进未来高校体育教学的改革，推动高校体育教学现代化的发展。高校体育教师在高校体育教学中运用网络技术辅助教学，需要突破传统体育教学理念的束缚，不断提升高校体育教师体育教学理念，这有利于高校体育教师提高网络教学技术等专业技能，有效地建立现代化的体育教学教育理念，使高校体育教师对在体育教学过程中应用网络技术、对体育教学的效果，以及对改善教学模式、提高教学方法有准确积极的思想指导，有效保障高校体育教学质量和高校体育实现现代化教学。

在高校体育教学中全面应用网络技术，对体育教学智能化的发展、提高高校体育教师工作效率、提高学生学习效率等方面产生了极大的推动作用。在高校体育教学中应用网络技术，可以有效地发挥其特性来提升高校体育教学的效果，使高校体育教学发展符合当前信息化社会发展的需要，为提高高校的体育教学效率提供保障。

网络技术应用于高校体育教学，使得高校体育教师的教育职责不仅仅停留在体育课堂教学上，网络技术的运用拓宽了体育教师在课堂外与学生交流的渠道，体育教师可以利用课堂之外的时间，方便快捷地解答学生在体育课程学习中遇到的问题。高校应及时完善高校体育教学的网络素材库，为高校体育教学提供良好的网络支持平台和体育教学环境，这些都需要体育教师彻底转变传统模式下的体育教学理念，从而促使高校体育教师熟练掌握运用网络技术。现代化的体育教学技术对高校学生的体育学习有积极的促进作用，应用现代化的体育教学技术能够更好地增强高校体育教学效果。高校体育教师需要把现代化的体育教学技术合理地应用到体育教学实践中，为网络时代下高校体育教学提供一个体育教学多媒体网络平台，为高校学生自主学习和合作交流提供良好的学习环境，从而更好地培养高校大学生的创新能力和合作精神。

　　高校应及时建立完善的体育教学网络技术管理激励制度，为高校体育教学更好地应用网络技术提供完善的保障体系。高校体育教学管理制度应跟随网络教学技术的不断发展进步，及时更新有关新网络技术应用的管理规定，从而不断完善高校体育教学管理体系。高校为保障合理运用现代化体育教学技术，需要重视校内的教学网络管理系统，及时采取应对措施，完善体育教学网络管理系统。高校要及时建立有效的激励制度，如设立行之有效的奖励措施，并纳入高校评定考核体系之中，积极利用网络多媒体技术，制作体育教学课件开展教研活动。对优秀的体育教学课件及时给予相应的奖励，充分调动高校体育教师在体育教学中运用网络技术的积极性，使高校体育教师及时掌握最新的现代网络教学技术，从而积极促进高校体育教学现代化的发展。

第二节　高校体育教学设计

一、体育教学设计的概念与特点

（一）体育教学设计的概念

　　体育教学设计是体育教育教学的准备工作，是教学执行者和参与者为提高教学质量，在教学活动中采取的具体的教学活动方案。体育教学设计者必须根据体育教学自身的特点，充分考虑学生特点与情况，结合体育教学的环境和条件，对未来体育教学过程中可能出现的一系列问题加以预测，合理规划师生的教学活动，并制订出相应的方案。

　　在高校体育教学中，科学的体育教学设计有利于促使体育教学理论与教学实践的有机结合，能为教师提供科学合理的体育教学方案指导。

（二）体育教学设计的特点

1.超前性

体育教学设计是一种教学准备工作，要在真正的体育教学活动开始前进行。因此，整个体育教学设计方案的内容、问题预测和问题解决等均具有超前性。

从本质上讲，体育教学设计只是体育教学活动的一种设想和预测，它主要分析在即将进行的体育教学中可能产生的问题。在体育教学之前，体育教师必须设计出这堂课的教学方案，并根据体育教育、教学理论和学生的学习需求，针对教学活动中可能发生的问题，提出解决方法。体育教学设计方案是对即将开始的体育教学实践活动的预先策划，制订体育教学设计方案是为了更好地应对和解决体育教学中可能出现的各种问题。因此，往往要求体育教师的教学设计要尽可能地考虑各种教学问题。

2.差异性

正是因为体育教学设计是一种教学提前行为，是一种教学预测与提前规划，可能存在"考虑不周"的情况，再加上体育教学是一种开放的活动，可能会受到各种因素的影响，所以体育教学设计方案与体育教学实践活动之间可能存在差异。

体育教学设计的差异性特点，要求体育教师在教学过程中时刻根据具体的教学情况调整教学方案，以适应不断变化的教学要求。

首先，体育教学设计应以体育与健康课程理念为基础，以学生的体育学习需要为基础；应实现对体育教学实践活动的宏观指导，确保体育教学实践活动的整体方向是正确的。

其次，体育教学过程是复杂、多变的，体育教学设计者所设计的体育教学方案应提纲挈领，抓住主要矛盾，在教学问题处理上要保留多个备选方案，并在教学问题解决预案中留有空间，以便教师根据实际教学情况及时调整教学计划。

3.创造性

体育教学设计的过程是一个解决教学问题的过程，是一个创造性过程。

任何学科的教学过程都涉及各种教学要素，包括主观教学要素和客观教学要素。在教学体系构成中，各子要素及其相互之间的关系会时常发生变化，体育教学也不例外，而且体育教学的教学环境与条件更具开放性，这就使得体育教学过程是一个更具创造性的过程。

体育教学的教学开放性与多变性并非体育学科教学的缺点，相反这更加说明体育教师在体育教学中可拥有更多的教学发挥空间，为教师的体育教学设计提供了一个更开放的创造空间。教师通过体育教学设计，能提高自身的教学创新能力，同时，体育教学活动的组织与实施，可以培养和提高学生的创新能力。

首先，对于体育教师来说，在体育教学中要具备一定的创新能力，能创造性地解决体育教学活动中出现的问题。概括来讲，体育教师必须具备一定的文化基础知识和较扎实的专业知识，具备主动适应基础教育的意识与能力，具备有创造性的想象力和思维，如此才能设计出科学有效的体育教学方案。

其次，对于学生来讲，体育教学活动中的参与过程是不断尝试、探索、发现、解决问题或达成一个新的目标的过程。在整个教学活动参与过程中，学生在教师的体育教学设计方案下学习体育活动知识、技能，并通过个人的努力去完成学习目标，实现对所要求掌握的知识点、技能的理解与掌握。学习目标的达成非常重要，整个学习过程中的学习体验也很重要，这就需要学生在教师的指导下不断探索与创新，以促进学习目标的实现。

二、体育教学目标的设计

（一）体育教学目标概述

1.体育教学目标

体育教学目标是由高校体育目标、体育教学总目标、体育教学单元目标和体育教学课时目标组成的，它们具有递进关系。

体育教学目标对体育教学过程的设计具有导向作用。根据教育目标分类的对象和应遵循的原则，可以将教学目标分成认知、情感和动作技能三大领域。

2.体育教学目标设计

教学目标是教学活动主体活动的预期结果，教学目标设计是为了实现教学目标这一结果而对教学活动主体活动的具体安排。

体育教学目标设计包括以下几方面内容：

第一，教学活动包括教师、学生两个主体，体育教学目标设计不仅关注学生的发展，同时也对教师提出了明确的要求和期望。

第二，教学目标设计是对一节课、一单元或者一门课程教学活动的结果的设计。

第三，教学目标设计是对可预期、能切实达成的目标的活动设计，设计应具体、明确，具有可操作性。

（二）体育教学目标的科学设计

1.体育教学目标的设计原则

（1）科学性原则

体育教学应遵循体育教学规律，体育教学目标设计也应遵循体育规律、教学规律和体育教学特点等，应在科学学科理论基础上进行教学设计。

（2）系统性原则

系统论是教学设计的核心理论。体育教学设计过程中，必须重视体育教学系统各子系统的有机结合，以保证体育教学系统的完整性。

体育教学目标是由若干个具体目标组成的完整系统，具体目标之间纵横有序，层次分明，教学设计中应注意正确处理各教学目标之间的关系，为实现教学总目标服务。

（3）准确性原则

体育教学目标的描述应是准确的，应能正确表述目标内容，以免教学设计过程中对教学目标理解有误，导致教学目标实现过程中产生偏差。

（4）灵活性原则

体育教学目标的设计只是一种构想，而体育教学实际情况是复杂多变的，体育教学目标具有多元化特点。教学设计者应根据高校体育教学实际情况灵活编制体育教学目标，可以由师生根据体育教学实际情况灵活编制，其内容和水平可以有一定的弹性，留有调控余地。

（5）发展性原则

体育教学目标的设计既要着眼于现有教学实际，又要放眼未来，能为学生进入下一阶段的体育学习奠定基础，有利于促进学生的可持续发展。

2.体育教学目标的设计程序

（1）分析教学对象

具体应分析体育学习者的学习需要、一般特点、起始能力和学习风格等。找出体育教学中出现的问题及解决办法，确定学习者现状和目标之间的差距，在教学目标设计中，重视弥补所发现和分析的学习差距。

（2）分析教材内容

分析确定体育教学内容的范围、深度、特点和功能，并明确各体育教学内容之间的关系，使教材内容更好地为实现教学目标服务。

（3）编写教学目标

一个完整的、明确的体育教学目标应包括教学对象、学生的体育行为、确定行为的条件及程度四个部分。

（4）明确表述教学目标

教学目标设计者对体育教学目标的表述要尽可能明确，单元教学目标的陈述要尽可能详细、具体。通过体育教学目标的设计，学生明确要学习的内容和应该达到的水平，便于学习者互评和自评。

三、体育教学策略的设计

（一）体育教学策略概述

1.教学策略

教学策略有广义和狭义之分。广义的教学策略包括体育教学活动中的所有计划和措施，不仅包括"教"的策略，还包括"学"的策略。狭义的教学策略仅仅是从教师的教学角度出发，是教师的"教"的策略的综合体现。

在体育教学中，教学策略是体育教师的教学意图与教学对策，是从教学理念到教学实践的关键环节。教学策略在教学系统中的地位比较特殊，它不同于教学活动开始前的教学设计或教学方案，而是教学过程中的措施；也不同于教学手段和教学方法，后者更加具体化，教学策略的层级要更高。

2.教学策略设计

教学策略设计是体育教学设计的一个重要内容，教学策略设计能为教师创造特殊的教学环境，以更好地促进体育教学活动的开展，有助于教师顺利完成教学任务，获得良好的教学效果。

在高校体育教学中，体育教师对体育教学活动的整体协调，对于各项体育教学活动的顺利开展具有非常重要的促进作用，便于教师对体育教学过程整体把控，令体育教学的各个环节都最大限度地发挥教育作用。

（二）体育教学策略的科学化设计

1.体育教学策略的设计原则

（1）差异性原则

体育教学策略设计的差异性表现在两个方面：

第一，体育教学策略设计应充分考虑不同学生的个性差异与学习特点，以及不同学生对教学策略的不同适应程度。体育教学策略的设计是面向全体学生的，但是不可否认和忽视的一个问题是，不同的学生之间存在着个性差异。对学生来说，其在学习过程中所表现出来的身心特点、社会性特点不同。因此，在教学过程中，并非每一个学生都适合教师所设计的教学策略，这就使得教师提前设计的体育教学策略，与教学实际活动的开展所产生的效果存在一定的偏差。

第二，体育教学策略的差异性还表现在师生思维的差异。在体育教学实践中经常有这样的教学情况出现，即学生无法严格按照教师的教学安排来进行体育锻炼，并疑惑为什么教师要这样安排教学。这实际上是教师思维与学生感知的差异性。在体育教学策略设计中，如果教师能关注到师生之间的思维差异，就有助于师生更好地理解彼此，有助于师生的教学配合，进而可实现良好的教学效果。

现代体育教育提倡"以人为本"，这就要求教学策略的设计要"以人为本"，重视学生的身心健康发展。在体育教学策略设计过程中，教师应充分考虑不同学生的差异性，通过科学的教学策略设计，灵活多变地组织教学活动，以促进每一个学生在各自的原有基础上均能有所进步与发展。

（2）兴趣性原则

高校体育教学中，体育教师对教学策略的设计应为教学目标的实现服务。要想促进体育教学目标的实现，就必须设计能有效激发学生学习兴趣和积极性的教学策略，使学生产生学习的欲望，增进其体育学习内驱力。

（3）科学性原则

体育教学过程是一个科学的教学过程，体育教学策略的设计必须遵循体育教学规律，体现科学性。具体要求如下：

第一，在体育教学策略设计过程中，应注意体育教学内容的合理组织。教学策略设计的内容应逻辑清晰、层次分明，使高校体育教学内容的层次与学生的学习程序有机结合起来。

第二，体育教学的实践性较强。在体育教学策略设计过程中，教师应注意学生的身体实践练习。在教学安排上，应保证学生重复练习，同时，不断关注或定期地练习新学的知识和技能等方法，能够促进记忆，不断提高学生的运动能力。

（4）启发性原则

体育教学策略的设计应明确阐述教学目标，并尽量展示学生在学习结束后所应产生或已完成的行为表现（事例），使学生对需要掌握的知识、技能有学习的方向。

体育教学不仅是运动技能的学习、巩固、迁移和发展，也是体育精神和素养的培育过程，整个体育教学是教师引导学生不断超越自我、认知自我和认识他人的过程。为了实现良好的启发性教学效果，真正促进学生的发展，教师必须从课堂环境、价值认同及行为约束等方面，对体育教学加以设计，这是基于运动项目教学，又超越运动技能传授的过程。

（5）指导性原则

体育教学策略的设计应具有一定的指导作用，在学生尝试做出所要学习的行为表现时，教师要给予指导和提示。但需要特别提出的是，学生具备一定的学习基础后，教师应适当减少这种指导性，避免学生过分依赖教师。

（6）创造性原则

体育教学策略的设计应能为学生的进一步学习创造条件。重视体育教学设计的创新，不仅能有效地挖掘教学资源和提高教学效率，实现体育教学的低耗高效，还可以为学生创新意识和创造能力的发展营造氛围、提供空间。

学生在体育学习过程中，需要用旧知识作为学习新知识的基础，新的学习任务的完成必须建立在掌握和具备一定的知识、技能的基础上。教师的教学策略要使学生在学习中获得成功，从而为学生进一步学习创造条件。

2.体育教学策略的设计程序

（1）设计体育教学组织形式

体育教学组织形式是教师与学生为实现体育教学目标所采用的各种方式，是实施体育教学活动的关键所在，对体育教学效果有重要的影响。

体育教学组织形式主要包括班级教学组织形式（或称全班教学）、分组教学组织形式、个别教学和复式教学四种。教师结合教学需要，选择其中一种，并就具体组织形式做好教学准备。

（2）设计体育教学手段

体育教学手段设计程序如下：

第一，结合教学实际，分析通过哪些教学手段可以达成教学目标。

第二，分析体育教学内容需要借助的体育教学手段，确保完成体育教学任务。

第三，根据教学对象实际情况，如年龄、心理、体能基础、认知能力等，合理选择和设计教学手段。

第四，考虑学生的兴趣习惯及发展需要等因素。

第五，针对高校体育教学实际选择和创造教学手段。

第六，教学中设计和选用教学手段时，不能脱离教学实际，应符合体育教学设计的基本原则。

（3）设计体育教学方法

体育教学方法设计程序如下：

第一，了解相关的体育教育教学规律。

第二，充分考虑具体的教学目标和任务、教材内容的性质和特点、学生情况、教师条件、教学条件等。

第三，分析教材内容及教学媒介。

第四，按照一定程序，设计科学、合理、有效的体育教学方法。

四、体育教学过程的设计

（一）体育教学过程概述

1.体育教学过程

具体来说，教学过程是教师根据一定社会要求和学生特点，指导学生有目的、有计划地掌握学科知识和技能，实现身心全面发展的过程。

体育教学过程含义如下：

第一，体育教学过程是体育教师的"教"和学生的"学"组成的双边活动过程。

第二，体育教学过程是一个动态过程，体育教学过程会受到各种内在与外在、主观与客观因素的影响。

第三，体育教学过程是师生以身体练习为重要媒介的交往实践过程。

2.体育教学过程设计

体育教学过程设计就是按照现代系统论的观点，优化体育教学各环节的设计。它为最佳体育教学完整方案设计提供了思路。

在现代体育教学中，体育教学设计对教学过程的表述通常采用类似于计算机流程图的形式。这种方式能直观展示整个体育课堂活动中各个要素之间的关系、比重；教师可以根据学习者的不同反应做出相应的教学处理，灵活性大，目的性强。

（二）体育教学过程的科学化设计

1.体育教学过程的设计原则

（1）主导性原则

整个体育教学过程中，体育教师发挥主导作用。传统的体育教学过程中，体育教师的主要任务是通过讲解来传授知识，教师更多地表现为对教学过程的"主宰"。随着现代科学技术在课堂教学中的应用及课堂教学改革的不断深入，教师在课堂教学中起主导作用。"主导"不同于"主宰"，教师在体育教学过程中不是单纯灌输知识，而是重视对学生正确、合理地引导，目的在于引导学生掌握知识内容。

（2）主体性原则

学生是体育教学的主体，在体育教学中发挥着十分重要的作用。在体育教学中，教师应充分尊重学生，结合学生的特点安排具体的教学内容、教学方法和教学媒体，整个教学过程的安排应符合学生的认知规律和学习特征。

在体育教学过程中，教师应注重对学生学习兴趣的激发。合理的教学安排可以充分激发学生的学习积极性，让学生有更多的课堂参与机会，促进师生有效沟通交流，不仅让学生"学会"，更重要的是让学生"会学"。

（3）规律性原则

体育教学过程设计的规律性原则，简单来说，就是体育教学过程设计应符合体育教学的一般规律。

体育教学，应遵循体育规律、教学规律和学生认知规律等，在这些规律科学指导的基础上合理安排教学过程。学生作为教学主体，教师要在教学过程中尊重学生的学习认知规律，如学习理论，作为心理学家探讨学习规律、特征的理论，对教育者了解教学过程中学习者的特点与过程发展具有重要的指导作用。在设计体育教学过程中，只有符合学生特有的认知要求，才能获得有效的教学效果。

（4）方法性原则

体育教学过程设计的方法性原则，要求教师在体育教学过程设计中重视体育教学方法的科学安排，关注不同的体育教学方法所可能产生的不同的教学效果。因此，在教学过程的设计过程中，教师应有选择地对体育教学方法做出取舍，选取最适合教学内容表达、能更容易被学生接受和激发学生兴趣的教学方法，如此才能充分发挥相应的体育教学方法的教学促进作用，也才能保障各个体育教学活动环节的顺利开展，实现良好的体育教学效果。

此外，设计体育教学过程，应考虑整个教学系统构成，应该结合体育学科特点和学习内容、教学目标、学生的特点及选用媒体的特点，选择相应体育教学方法。

（5）媒体优化原则

合理、科学地应用体育教学媒体，对顺利开展体育教学过程和实现良好体育教学效果，具有非常重要的作用，是体育教学中非常明确的一点。体育教师在设计教学的过程中，应注意体育教学媒体的使用及其优化。

在现代化体育教学实践中，任何一种体育教学媒体都不足以支撑整个体育教学过程，体育教学媒体的运用要考虑各种媒体的优化、组合。不同的体育教学媒体在体育教学中发挥着不同的作用，彼此之间可实现功能互补，就像人体各部分器官，分工明确、各司其职，同时又为一个整体服务。要想充分发挥教学媒体系统的功能，需要通过多种媒体组合后形成的优化结构来实现。在体育教学过程设计中，应灵活运用各教学媒体，使各教学媒体各施所长，互为补充，相辅相成，共同促进整个体育教学过程的优化，促使教师和学生顺利完成"教"的任务和"学"的任务。

2.体育教学过程设计的表现形式

目前，在体育教学中，对体育教学过程的设计主要有以下三种表现形式：

（1）练习型

整个体育教学过程以学生的身体练习为主。教学中，采用教师示范动作和教学媒体展示等方式，为学生提供运动动作的路线、结构和动作要领等，帮助学生理解具体的技术动作，并通过真实的学生身体练习，发现问题，纠正错误，再练习，最后评价学生的动作技术掌握情况，并提出改进意见和建议。

（2）示范型

示范教学法同样是以身体活动为主要形式的教学过程设计与组织，在运动类的体育教材内容中，示范是体育教学过程设计的必要手段和重要途径。

与重视"练习"的教学过程不同的是，示范型体育教学过程设计在"示范"上花费的时间和精力是非常多的，这种教学过程设计通常用于学习复杂的体育运动技能的前一次课中。

（3）探究型

探究型教学法主要适用于在体育教学中组织学生观察、思考，探究原因，寻找规律等。例如，某次体育教学课的主要教学任务是认知、理解和掌握某一动作技能的结构或原理，那么教师通过教学过程中的"探究"设计，可有效激发学生学习的主动性，培养学生发现问题、探究问题和解决问题的能力。

第三章　高校体育教学的内容与方法

第一节　高校体育教学的内容

一、体育教学内容概述

体育教学内容是体育教学工作者在开展体育教学时的主要参考，体育教学内容在体育教学中占据非常重要的地位，再加上体育教学内容所涉及的知识点较为繁杂、宽泛。因此，对于任何一名体育教学工作者而言，体育教学工作必须建立在对体育教学内容充分了解的基础上。

（一）体育教学内容的概念

体育教学内容是根据体育教学的目标进行选择的，是根据大学生在成长过程中的发展需要，以及体育教学过程中必备的教学条件最终整理而成的，并且是根据社会需求的发展而不断变化的。

体育教学内容主要针对教学对象的大肌肉群运动，具有很强的实践性，其主要包括身体的锻炼、运动型教学的比赛和运动技能的获取等。

（二）体育教学内容与体育运动内容的区别

众所周知，体育教学内容是体育教学正常进行的有力保障，但是其与体育运动内容之间也有细微的差别。作为一名体育教育者或是研究者，清楚地掌握它们之间的差别，有助于深入地了解体育教学内容。笔者经过分析和研究，将体育教学内容和体育运动内容之间的区别介绍如下：

1.服务的目的不同

体育教学内容是以教育为主的,其服务的目的是促进大学生身心健康发展,其内容偏于理论性,对教学活动具有指导意义。

体育运动内容是以提高竞技运动水平、夺取胜利为主的,其服务的目的较偏重于教学内容的娱乐性和竞技性,对教学活动而言具有很强的实践性。

2.内容的改造要求不同

随着时代的不断进步,体育教学内容需要根据时代的变化和社会的需求不断改变,以保证体育教学内容能够满足社会培养人才的需要。因此,需要对体育教学内容进行必要的改造、组织和加工,而体育运动内容不必进行这种改造。

(三)体育教学内容的特点

1.体育教学内容的功能具有多样性

体育教学内容起源不同,又受到所处文化形态的影响,这就决定了体育教学内容具有不同的功能。人们对体育教学内容的判断必然会受其传统起源的影响,因此在进行体育教学的时候,教师要遵循因材施教的原则,这样才能保证体育教学顺利进行。

2.体育教学内容的更新速度较快

体育教学本身对实践性要求较高。体育教学中所涉及的因素非常多,体育教学本身受到地域、经济、政治和文化的影响较大。因此,体育教学工作者在开展体育教学时的工作难度较大。要想与时俱进地开展体育教学,就要根据社会的需求不断地更新教学内容。

3.体育教学内容之间是一种平行的关系

体育教学虽然涉及的内容较多,但是各内容之间并没有太多的联系和牵制,各内容之间是一种平行的关系。例如,跑步和跳远之间,就是相对平行的两种内容,在教学过程中,两者之间没有太大的联系。

4.每一种体育教学内容被赋予的教学任务不同

体育教学内容具有很强的时代性,不同时代的人对体育教学的要求不同。因此,每一种教学内容所承担的教学目标和任务也就不同。例如,在体育教学中开展各种体育锻炼是为了提升大学生的体育素质,举行比赛是为了培养大学生的团队精神和合作意识等综合素质。因此在进行体育教学或选择教学内容时，应该仔细地分析教学目标，以便对教学内容进行梳理和选择。

（四）体育教学内容与教育内容的共性

体育教学内容是教育内容的一个组成部分，它与教育内容有一些共性，这些共性主要表现在以下几个方面：

1.教育性

体育教学内容是对受教育者开展身体健康教育和心理陶冶教育的参考，当体育教学研究者和教学内容组织者将众多的运动项目选为体育教学内容的时候，首先想到的就是这些运动项目本身所具有的教育性。体育教学内容的教育性主要体现在以下几个方面：

（1）有利于大学生身心健康

体育教学通过指导大学生身体运动和一些竞技性的小组活动，以促进大学生的身心健康发展。体育运动本身就是一种肌肉群的活动，它能够通过锻炼身体来增强大学生的体质，通过开展各种小组教学活动和竞技类活动来培养大学生的综合素质。

（2）对大学生成长具有积极的影响

体育教学内容主要是一些具有深刻影响意义的内容，能矫正大学生的心态，培养大学生坚强的意志，影响大学生价值观的形成，对大学生的成长具有积极的影响。

（3）内容的设计具有普遍性

体育教学内容所面对的是教学活动中的全体大学生，因此教学内容需要具有普遍性。所谓普遍性，就是指教学内容要保证适应大多数人，这样才能达到教学的统一，有利于教学的开展和进行。

2.科学性

由于体育教学本身就是一种以高校教育为主要形式进行的有计划、有组织、有目的的教育活动，是以教育和培养大学生的健康发展为主要目的，因而体育教学内容也应该与高校教育范畴中的其他教学内容一样，保证其具有很强的科学性。体育教学内容的科学性表现为以下几点：

（1）体育教学具有很强的针对性

体育教学的对象是广大学生，其目标就是培养社会所需要的身心健康全面发展的人才。再加上体育教学内容是对人类文明的反映和表现，同时体育锻炼的实践性也要求人们不得不重视这一过程，因此体育教学具有很强的针对性。

（2）教学内容符合大学生的需求

在筛选体育教学内容的时候，为了保证体育教学内容能够更好地为大学生服务，体育教学研究者要对教学内容进行反复筛选，使其能够符合大学生的身体发展需求和社会需求。同时体育教学内容具有很强的指导性，为教学过程提供参考和依据。

（3）遵循体育教学的规律和原则

任何一门学科的教学都要遵循其特定的规律和原则，这是保证教学目标顺利实现的基本条件之一。体育教学牵涉的内容较多，较为复杂，为了保证教学过程能够按照目标的方向进行，在选择教学内容时应该遵循体育教学中特定的科学规律和原则，保证体育教学的科学性。

3.系统性

体育教学是一门繁杂的学科，不仅涉及的内容较为繁杂，范围较为宽泛，而且对教学目标的要求也较高。因此，在梳理教学内容时，应该根据知识之间的系统性特点进行组织和安排。通过对体育教学内容的研究可以发现，体育教学内容的系统性主要表现在以下几个方面：

（1）教学内容本身的系统性

通过以上对体育教学内容的介绍可知，体育教学内容具有很大的复杂性，但是每一个知识内容之间又表现出一定的关联性和逻辑性。例如，安排低年级的大学生学习体育的时候，首先应该培养大学生的方向意识，然后对大学生开展各种体育教学内容的训练。由此可知，体育教学内容本身就具有系统性。

（2）体育教学目标的系统性

在体育教学的过程中，需要根据体育教学的特点、大学生的成长特点和教学环境等，深刻地认识体育教学过程和教学内容之间的规律性。必须根据大学生的成长过程，系统地、有逻辑性地安排各个高校、各个年级的体育教学内容，并处理好它们之间的相互关系，将体育教学贯穿于教学的始终，这就是体育教学目标的系统性。

（五）体育教学内容的特性

体育教学内容除了具有与教育内容的共性之外，还具有很多专属于体育教学的特性，这些特性在体育教学过程中发挥着非常重要的作用，主要表现在以下几个方面：

1.实践性

众所周知，高校体育教学内容主要是一些具有教育意义的运动项目，需要大学生肢体和大肌肉群的共同作用才能完成。因此，运动实践是体育教学中的一个较为突出的特点。其他学科普遍是通过教师的课堂讲授，加上听、说、读、写等一系列训练，进而完成教学任务的。体育教学内容仅仅依靠听、说、读、写这种相对静态的方式是无法完成的，需要在特定的场地，通过一定的体育运动才能完成。虽然国家规定的体育教学目标中，包括对大学生的心理健康的教育，但是这种教育也是通过开展某种体育活动让大学生体会到的。由此可见，体育教学内容具有实践性的特点。

2.娱乐性

通过之前对体育教学内容的介绍可知，体育教学内容主要来源于生活、军事和艺术等方面，如武术来源于古代军营，体操、健美操、舞蹈来源于艺术行业，跑步来源于日常生活。适当的运动或者竞赛活动会让参与者获得身心上的放松，看到身体上的改变，如篮球、足球、乒乓球等，这些运动能够丰富大学生的业余生活，促进大学生之间的交流，使大学生在运动中获得快乐。这就是体育教学内容娱乐性的表现。

3.健身性

体育教学的目的之一就是增强大学生的体质，保证每一位大学生都能拥有健康的体魄。体育教学内容大部分是大肌肉群运动形式的技能传授与练习，因此，很多能为身体带来动能的体育运动都会增加大学生的运动负荷。再加上大学生正处于身体发育的关键时期，适当的体育运动能够促进其身体成长，提高肺活量和身体承重力，不断地激发身体内部的潜能，从而达到强身健体的目的。

4.开放性

体育教学内容和其他学科教学最大的区别就是体育教学内容具有很强的集体性，注重对大学生的人际交流能力、团队合作能力等社会性能力的培养和提升。再加上体育教学内容中所涉及的很多运动项目都是需要小组或者集体共同完成的，并且需要全体成员充分地发挥自己的作用才能更好地完成。从这一方面来看，体育教学内容具有很强的开放性，有利于大学生人际关系的培养。

二、体育教学内容的目标与要求

体育教学的内容来源于人类发展的各个时期，其教学内容的目标和要求都具有很强的时代性。这主要是因为体育教学内容由当地民众的文化水平、地域气候条件、社会政治经济发展状况、生产力水平、科学技术水平等因素决定。

（一）传统体育教学内容的目标和要求

传统体育教学内容主要是指运用传统的教育方法，对大学生进行体育运动技能培训的一种形式，是体育教学内容中一直存在的锻炼项目。虽然体育教学内容随着时代的不断更迭而持续变化，但是传统体育教学内容因其积极的教育作用，仍然在教育界中占据很重要的地位。下面将简单叙述部分传统体育教学内容的目标和要求：

1.体育保健

（1）体育保健教学内容的目标

体育保健教学内容的目标是传授体育保健基本知识和原理，让大学生深刻地认识到体育教学在人的成长过程中的重要作用，认识到学习体育对国家、社会的重要作用，从而激发大学生对体育锻炼的使命感，使大学生自觉地参加体育锻炼。除此之外，通过学习体育保健基本知识和原理，大学生能够了解一些体育学习的必要知识，形成对体育教学的正确认识。

（2）体育保健教学内容的要求

体育保健教学内容的编写应该结合当前社会的状况、大学生的实际需求等方面，并且精选一些对大学生的实际生活和成长有重要影响作用的体育运动项目，保证内容的真实性和目的性。同时，在教授这类内容的过程中，要结合实际操作进行演示，有利于大学生掌握和接受。

2.田径运动

田径运动是常见的运动项目，其主要包括跑步、跳高、跳远、投掷等内容。

（1）田径运动教学内容的目标

通过田径运动教学，大学生能够了解田径运动的一般规律和基本知识，清楚地认识田径运动对身体素质培养的重要意义，掌握一些与田径运动相关的基本原理和方法，掌握一些基本的田径运动技能。在不断练习下，大学生达到增强体质的目的。

（2）田径运动教学内容的要求

在设计田径运动教学内容的时候，不应该单单从竞技类运动的角度分析田径运动的教学内容和作用，应该从文化、运动特点、技能作用等多方面进行教学内容的设计和组织，这样才能让大学生更科学地掌握田径运动的基本知识，并且将获得的田径运动知识和技能正确地应用到健身实践中去。由于田径运动会使机体产生一定的负荷，负荷强度太高会对机体造成一定的损害，强度太低则达不到运动的效果，因而在教学过程中，应该根据大学生的身体特点，灵活地教学。

3.体操运动

体操运动是体育教学的重要组成部分，由于其对人体的平衡和形体的训练有着非常积极的作用，因而体操这一运动颇受广大大学生的喜爱。

（1）体操运动教学内容的目标

第一，在教师的指导下，让大学生充分地了解体操运动文化，了解体操运动对人体健康的作用。

第二，让大学生掌握一些基本的体操运动技能和方法，使大学生能够用体操来锻炼身体。

第三，让大学生能够安全地从事体操运动，并掌握体操比赛的一些基本常识和技巧。

（2）体操运动教学内容的要求

体操不仅能锻炼人体的平衡性、协调性和灵活性，而且能在心理方面积极引导和教育大学生。因此，要从竞技、心理和生理等视角来分析体操教学内容。在教学内容的编排上要保证一定的层次性，不能总是停留在低水平的层次上。在教学过程中，要根据大学生的身体特点，开展合理的训练，如针对平衡能力较差的大学生，应该增加有关平衡能力的练习。教师要做到因材施教，这样才能保证教学质量的提高。

4.球类运动

球类运动是一种常见运动，其主要包括足球、篮球、乒乓球等运动。球类运动是一项充满活力和竞技趣味的运动，因此很受当今的大学生喜爱。

（1）球类运动教学内容的目标

第一，让大学生充分地了解球类运动的基本概念和球类运动中的一些比赛规则。

第二，使大学生掌握一些球类运动的技能和技巧，以及参加球类运动比赛的基本技能和常识性知识。

（2）球类运动教学内容的要求

球类运动虽然是一项群众性的运动，但其技巧和方法较为复杂，在筛选教学内容的时候，不能只对球类的单个技能进行教学，而忽视其与比赛之间的联系，因为这种做法会失去球类运动的基本特性。同时，还要注意教学内容选择的顺序性与实战性之间的联系。在教学过程中，还要注重对技能的训练和对大学生团队合作精神的培养。

（二）新兴体育教学内容的目标和要求

1.乡土体育

近年来，随着教育改革的不断深入，开发课程资源，并创新教育内容的研究引起了广大体育教学研究者的重视，一些具有积极锻炼意义、散发着浓烈的乡土气息的运动项目重新登上体育教育的舞台。

（1）乡土体育教学内容的目标

让大学生对民间体育和民俗风情有更深的了解，使大学生掌握一些具有地域特色的民俗体育知识和技能，促进当地传统文化的继承和传播。

（2）乡土体育教学内容的要求

由于这类体育项目来自民间，具有民俗文化的传播作用。因此，要注重其中内容的文化性、安全性、规范性，同时剔除一些不利于文化传播或不利于正能量传播的因素，摒除一些错误的实践。

2.体适能与身体锻炼

随着社会对大学生的身心健康全面发展要求的不断提高，一些针对性较强的体育锻炼被当作培养大学生身体健康的运动，正式进入高校体育课堂，发挥着提高大学生身体素质和运动素质的作用。

（1）体适能与身体锻炼教学内容的目标

有效地锻炼大学生的身体，让大学生掌握更多实践锻炼和运动的原则、方法，帮助大学生更好地提升运动技能。

（2）体适能与身体锻炼教学内容的要求

结合大学生身体素质的状况，遵循体育锻炼的基本规律，教师要注意锻炼的针对性、科学性和时效性，同时注意内容应该符合国家规定的关于大学生体质健康的实行标准。

3.新兴体育运动

新兴体育运动教学的内容具有时代性，因此教师在教学时要注意对体育教学目标和内容的掌握。

（1）新兴体育运动教学内容的目标

使大学生掌握一些比较流行的体育运动文化，提高大学生对新兴体育运动教学内容的兴趣，同时提高体育教学在终身教育方面的实用性，从而提高体育教学的质量。

（2）新兴体育运动教学内容的要求

首先要保证新兴体育运动教学内容符合教学条件的基本要求，其次要注意体育教学内容的文化性、教育性、安全性和实践性，同时注意对教育内容的筛选，杜绝不利于大学生成长的体育内容。

4.巩固和应用类课程的基本教学内容

巩固和应用类课程的基本教学内容是新课程标准要求下的教学内容，随着活动课程的发展而不断形成。

（1）巩固和应用类课程的基本教学内容的目标

通过学习此类教学内容，巩固大学生有关体育教学的基本知识和技能，将其与运动实践相结合，借此提高大学生的体育锻炼技能，以及在参加体育活动方面的常识和能力。

（2）巩固和应用类课程的基本教学内容的要求

在选用教学内容时，应该注意将其与学科内容和体育教学内容完美地融合，同时注意对内容的延展性和应用性的掌握，注意对大学生在体育教学活动中的创新能力和创新意识的培养，使大学生能够进一步拓展所学习到的知识和技术。

三、体育教学内容的层次和分类

（一）体育教学内容层次和分类的重要性

对体育教学内容进行层次和分类研究，主要目的是对这些内容整合和归类，据此加深人们对此内容的认识。同时，也是为了在体育教学的过程中，便于体育教师对教学内容的梳理和讲授，建立更加清晰的体育教学内容体系，保证体育教学内容与体育目标之间的联系更加紧密，便于体育教学工作者合理安排体育教学过程。

但是，由于体育教学内容较其他学科的教学内容而言具有很大的特殊性，再加上体育教学内容所涉及的知识较为复杂。因此，体育教学内容的分类一直是困扰体育教学工作者和研究者的主要问题。自从体育教学逐渐成为高校教学内容之一，并受到普遍关注以来，体育教学研究者就对体育教学内容进行了很多不同的划分和研究。体育教学内容的划分是一个多角度、较为复杂的工作，这主要还是由体育教学内容的复杂性所决定的，也是由体育教学内容的多功能性、多价值性所决定的。

我国在体育课程和教材建设的过程中，很多体育教学研究者遇到了体育教学内容分类上的难题，虽然这是体育教学研究者一直致力研究和解决的问题，但是从目前来看，其结果不容乐观。这也直接影响了我国体育教学的发展和进步。

（二）体育教学内容分类的方法和层次

1.体育教学内容的分类方法具有多样性

体育教学内容的分类具有多样性，这种多样性主要取决于体育教学内容研究者观察、审视体育教学内容的角度和方向。因为体育教学内容较为繁多、复杂，所以在对其分类的时候，要多角度、全面地对内容进行分类和整理，保证其内容的合理性和科学性。

2.注意体育教学内容的层次性

为了避免体育教学内容的分类过于繁多，可以先根据其层次的不同进行具有层次性的分类，然后在此基础上系统地分类，这样的分类方法较为清晰明了，而且便于教学的开展。例如，在篮球教学的时候，首先教授和训练运球技术，然后训练传球技术、投球技术，这样有层次的教授和练习有助于大学生对知识和技能的掌握。

（三）我国体育教学内容的分类

1.按照运动项目和身体素质分类

我国推行的体育教学内容的分类方法是交叉综合分类法，这种分类方法能够使教育工作者多角度、全面地开展体育教学。所谓的交叉综合分类法，实际上就是将体育教学内容所涉及的运动实践部分的内容，按照运动项目和身体素质两个方面分类，将"提高身体素质练习"和"各项运动教学内容"放到一起开展教学。

但是，在交叉综合分类法中，将"提高身体素质练习"和"各项运动教学内容"放到一起教学，违反了"同一划分的根据必须统一"的原则，即在划分体育教学内容时必须以统一的标准为依据，而且要保证在此分类基础上，所进行的子项分类不相互排斥，而是相互包容。因此，交叉综合分类法对于体育教学内容的划分是存在缺陷的。

2.根据教学目的分类

如果利用"根据教学目的分类"的方法，首先应该确定体育教学内容分类的上位，在此基础上，再将下位的内容的分类进行稍微改动，就能实现对体育教学内容的科学、正确分类。这样不仅不会造成体育教学内容在分类上的混乱，而且能促进大学生对体育运动技能方法的学习。

通过对体育教学内容的掌握和研究，以及对大学生特点、教学特点的研究，根据教学目的进行体育教学内容分类的优点体现为以下几个方面：

（1）明确教学的方法和目的

结合大学生特点和教学特点进行科学分类，能够使教学的目的性和教学方法的应用更加明确，为体育教学的开展指明科学的方向。

（2）保证竞技运动知识和技能的学习

受传统教学模式的影响，教师难以避免地对大学生进行体育竞赛技能的教学，这样就难以保证体育教学内容的全面性，难以保证体育教学目标的顺利实现。根据教学目的分类，按照大纲要求进行体育教学内容的编排，能够打破"以竞赛为目的"的教材编排体系，从而使学生学习竞技运动知识和技能得到保障。

（3）能够避免内容上的重叠

体育教学内容繁多、复杂，在分类的时候，如果按照传统的分类方法，难以避免地会造成内容的重叠或遗漏。根据教学目的分类，可以首先对教学内容进行简单的层次分类，然后再根据每个层次内容属性的不同，具体地分类，这样一方面便于内容的整理，另一方面也利于教学工作的推进。

（4）对体育教学的指导性增强

体育教学内容是教学实践的指导和基础。"教学的指导性"同时也是进行教学内容编写的要求。如何对体育教材分类并不是简单的教学问题，它是以科学的理论为依据，需要对教学过程提供指导的。因此，对教学内容的合理分类能使教学目标与教学内容之间形成良好的对接，从而增强体育教学的指导性。

四、体育教材化及其内容

（一）体育教材化的概念

体育教材化是依据体育教学的目的和大学生发展的需要，针对体育教学的条件，将体育的素材加工成体育教学内容的过程。体育教材化的概念包括以下几层含义：

第一，体育教材化实际上就是将体育教学过程中的素材加以筛选、加工、编排，最终使其成为教学内容的过程，这是体育教材化最本质、最基础的含义。

第二，体育教材化侧重于对体育教学内容的加工和整理，体育教材也是加工的成果。

第三，体育教材化是依据大学生的学习目标，结合大学生的身体发育的特点和认知规律，以"为大学生创造有利的教学条件"为前提而加工完成的。

（二）体育教材化的意义

纵观我国体育教学的现状及特点，体育运动与体育教学涉及的内容非常广泛，有的来自日常生活，有的来自传统习俗。但是体育教材绝不能被简单地认为是体育教学内容，如果将体育教材等同于体育教学内容，那么就无法保证教学过程的目标一致性。因为体育教材只是体育教学内容的参考，在教学的过程中，教师还应该根据体育教学的目标及教学环境，筛选教学内容。

体育教材化的意义分为以下几点：

第一，体育教材化是选择体育教学内容的依据和前提条件。在教学内容的选择过程中，可以选择一些与教学目标相关的、与大学生的发展需要联系较为密切的知识作为教学内容，这样就可以避免教学内容的繁杂，避免教学内容选择过程中目的性不强等问题。

第二，体育教材化是对较为宽泛的体育教学内容的加工。这样可以使体育教学内容的选择素材更趋近于教学目标和教学实际，消除体育教学素材与体育教学内容之间的差异，使体育教学内容的选择更具有目标针对性。

第三，体育教材化是对体育教学内容不断编排、整理和选择的过程。通过体育教材化来加工体育教学内容，会使体育教学内容更具有整体性和系统性。同时，体育教学工作者在教学过程中也能更好地发挥教学内容的教育作用。

第四，体育教材化能够通过加工和整理体育教学内容，使得原本抽象的教学内容具体化。这样更容易融入教学活动之中，更容易被大学生接受，从而使得体育教学内容成为教学活动的依据，保证教学能够有条不紊地进行。

（三）体育教材化的层次

体育教材化有以下两个基本的层次：

第一，编写体育课程标准和教科书的工作，是体育教材化的第一个基本层次。体育教科书是体育教学过程的参考依据，任何一门学科的教学都需要教科书的指导。这个层次的工作一般是由国家和地方的教育行政部门完成的，因为这是整个国家和地区的体育教学过程的参照。编写体育课程标准和教科书的工作，主要是根据教学目标和当今环境，对教材分类和加工，然后将所得的成果作为体育教学的教科书，供体育教学使用。

第二，依据课程标准、教学大纲及教学目标，将体育教材变成大学生学习的内容，这个层次的工作一般由高校的体育教研小组担任。体育教材中，有些教学内容只要求大学生了解，有些教学内容需要大学生掌握。因此，高校的体育教研小组需要结合体育教学目标，以及不同年级大学生的身心发展规律和特点，细分和细化体育教学内容，使其在体育教学目标的大前提下，更加符合某一个班级或某一层次大学生的学习需求。

（四）体育教材化的内容

1.体育教学内容的选择

体育教材化实际上就是对体育教材的整理和加工。所谓的整理和加工，就是从宽泛的体育教学素材中，选择较符合教学目标、大学生身心发展需要和高校基本条件的内容。体育教学内容涉及的范围非常广，因此在进行教学内容的选择时，应该遵守体育教学内容选择的原则和程序。

（1）选择体育教学内容的原则

要选择符合教学发展需要、目标针对性较强的体育教学内容，首先应该清楚选择体育教学内容的原则。选择体育教学内容的原则有以下五条：

第一，统一性原则。

体育教学内容最终的服务对象是体育教学目标，因此教学内容与教学目标要统一，实际上就是指所选择的体育教学内容要有与其相对应的体育教学目标。例如，在体育课上，要求大学生参加跑步、跳远等体育运动项目，实际上是为了增强大学生的体能；让大学生练习单脚站立，是为了提升大学生的身体平衡能力；要求大学生进行小组赛，是为了培养大学生的团队合作能力等。在选择体育教学内容时，坚持教学内容与教学目标相统一的原则,一方面能够保证所选择的教学内容的科学性、安全性;另一方面,对大学生而言,还具有很强的身体锻炼价值。

第二,科学性原则。

体育教学内容选择的科学性原则,实际上就是指所选择的体育教学内容要有利于大学生的身体发展,能够促进大学生身体素质和运动技能的提高,同时所安排的教学内容要在大学生的身体承受范围之内。在进行体育锻炼的过程中,不能出现有损大学生健康的行为,如不根据大学生身体发展的特点而对其实施超负荷的教学任务,会导致大学生身体的某项机能受到损害。所以,在选择体育教学内容时,坚持科学性的原则,主要包括两个方面:一方面,能够促进大学生身心健康的发展,有助于增强大学生的身体运动能力;另一方面,保证教学环境和教学实施条件的安全性。

第三,可行性原则。

可行性原则是教学内容选择的基础,是教学过程的基本要求。如果选择的教学内容不具有可行性,那么教学内容的选择就失去了意义。例如,一个没有足球场地的高校,要加强大学生的足球运动技能的培养,这种教学内容是不具备可行性的,因为场地限制了这项教学内容的顺利开展。可以看出,可行性原则是指所选择的教学内容,能够符合地区大部分高校的物质条件和教学能力,以及大学生实际情况的需要。再完善的教学内容,如果没有教学场地和各种器材的支持,也不具备任何实用性的意义,都不应该被选中。

第四,趣味性原则。

趣味性原则是指选择的教学内容要能激发大学生的兴趣,能使更多的大学生参与其中。例如,很多大学生喜欢上篮球课,这是因为篮球运动是当下非常流行的运动之一,大学生可以借助这项运动充分地展示自己的活力,并能在运动中感受到乐趣。从大学生的角度而言,体育运动带来的乐趣是大学生参加体育教学活动的动机和目的,只有保证教学内容的趣味性,才能提高大学生的参与热情,使大学生能够积极主动地参与体育教学,进而提高体育教学的质量。

第五,特色性原则。

体育教学研究资料显示,将地域特色融入体育教学之中,不仅能够促进体育走进日常生活,同时还能不断开发体育教学的特色,充分发挥体育教学的创新性,提高人们对体育学习的热情。例如,因舞龙文化而出名的奉化地区,在选择体育教学内容时,就可以将舞龙作为教学内容之一,这既提升了体育教学的地域特色,也提升了大学生参与体育教学的热情。换言之，高校开展体育教学的目的就是提升大学生的体能，因此，在选择教学内容时，也要尽可能地与地域特色相结合，以增加体育教学的实效性。

（2）选择体育教学内容的程序

选择体育教学内容并不是盲目的，而是依据一定的程序，这样才能保证所选择的体育教学内容的清晰性。在选择体育教学内容时，需要一个可以操作的、优化的操作程序。

第一，确立教学目标。

教学目标在教学内容的选择过程中占据着非常重要的地位。在选择体育教学内容时，应该坚持教学内容与教学目标相统一的原则，如果某些教学内容与教学目标不统一，那么就应该删除，如拳击，因为其对大学生会造成一定的身体伤害，所以不应该置于教学内容之中。

第二，确保健身性和安全性。

为了保证体育教学目标的顺利实现，教师根据教学的目标和需求选择一些体育教学内容。但是，有时这些体育教学内容并不能成为教学的最终内容，因为教学内容除了要符合目标性的原则之外，还要能够符合健身性和安全性的原则，这也是教学内容科学性的基本要求。例如，前空翻，虽然这一教学内容符合体育教学目标的要求，但是因为其在教学的过程中存在安全隐患，所以应该删除。

第三，判断教学实践的可行性。

对体育教学内容的选择经过以上两个程序之后，接下来就应该判断这一教学内容是否具有实践的可行性。因为如果一种教学内容不具有可行性，那么即使再好也没有任何意义，如保龄球运动，虽然符合教学目标的健身性和安全性这两个要求，但是大多数的高校都不具备开设保龄球教学的条件，所以这一教学内容不具有可行性，不应该出现在课堂教学之中。因此，判断教学内容是否可行，是教学内容选择的第三个基本程序。

第四，判断教学内容的趣味性。

如果一项体育教学内容不具有趣味性，那么将很难被大学生接受，即使其满足以上三个程序的要求，但是最终也不能保证教学能够顺利开展及教学目标的实现。

第五，符合终身体育教学观念。

体育教学是终身体育教学和社会体育教学的基础，因此，在体育教学的开展过程中，要重视体育教学内容与社会和地区运动文化之间的关系，尽可能地把体育教学内容与社会和地区体育教学文化相结合，这是体育教学内容选择的第五个程序。例如，在艳阳高照、气温居高不下的南方开展滑冰运动，一方面不利于教学的开展，另一方面也不利于教学的基本操作，不应该置于教学内容之中。

为了保证体育教学内容的科学性和可操作性，应该按照以上五个程序选择教学内容。

2.体育教学内容的编辑

体育教学内容的编辑也是体育教学内容选择的环节之一。笔者通过对体育教材的研究和分析，将体育教学内容编辑的相关内容整理如下：

（1）体育教学内容的分类

因为体育教学涉及的内容较为宽泛，为了保证教学过程的系统性和整体性，在编辑体育教学内容的时候，应该按照其特点和性质，进行简单分类。

（2）体育教学内容的编辑原则

体育教学内容大多源于日常生活，涉及的内容较多，因此，体育教学内容的编辑一直都是体育课程和教学理论与实践的难题。通过对体育过程和教学内容的分析可知，体育教学内容的编辑一般应该遵循三个原则：一是以学科体系为依据，按照由易到难的层次编辑；二是以大学生身心发展的规律为依据编辑；三是根据教学的目的编辑。

（3）体育教学内容的排列方法

体育教学内容实际上是按照其编辑的逻辑顺序排列的，因此在内容排列的过程中，所有的内容都应该遵循学科知识特点和大学生的学习逻辑。同时根据每个教学内容的特点，合理安排课时，并按照内容之间的递进关系，安排每一节课的教学内容。

3.体育教学内容的加工和改造

经过选择和编辑两个步骤后得到的与体育运动有关的知识和内容，都是体育教学的素材，但是要将这些素材直接运用到课堂之中，还需要一个环节的支持，那就是对体育教学内容的加工和改造。这一过程也是体育教材化的过程，最终将体育教学素材转化为体育教材，融入体育课堂之中。

从我国目前的体育教学现状来看，我国在体育教材化方面已经取得了初步的成就。我国体育教材化的方法，主要有以下几种：

（1）动作教育的教材化方法

动作教育是国外的一种体育教育思想和体育教材化的方法论。其特点就是将一些体育竞技类运动按照人体运动应遵循的原理加以归类，提出有针对性的教材设计，如"体操""舞蹈"等。这种教材的趣味性较大,操作较为简单,因此适用于低年级大学生的学习。

（2）游戏化的教材化方法

游戏化的教材化方法,主要用以提升大学生的学习热情。其主要适用于一些比较枯燥和单一的运动,这种运动较难引起大学生的学习兴趣。为了最大限度地激发大学生的学习热情,可以将这些枯燥和单一的运动串联成游戏,从而让参加者在游戏情境中提升兴趣。

（3）理性化的教材化方法

理性化的教材化方法,主要是为了帮助大学生理解运动的原理,在教学过程中将"懂"与"会"结合起来。其主要特点就是挖掘体育运动背后的原理和方法,以探究式和启发式的教学为依据,引导大学生学习知识。

除了以上三种常用的教材化方法外,我国还有文化化的教材化方法、生活化和实用化的教材化方法、简化的教材化方法和变形的教材化方法等。

4.体育教学内容的媒介化

因为体育教学内容较注重实践性和科学性,因此体育教学内容的媒介化是体育教材化的最后一项工作。实际上就是将体育教学素材进行选择、编辑和加工之后,最终将其变成嵌入在某种教学媒体之上的教学内容,在教师和大学生之间建立知识传播的媒介。

体育教学内容媒介化的载体一般为教科书、多媒体音像教材、多媒体课件、挂图、黑板板书和学习卡片等,它们能够直观地将体育教学中相关的知识展现在大学生的面前。

第二节　高校体育教学的方法

一、体育教学方法的设计理念

好的理论指导会使教学方法的设计更完善，体育教学的其中一个任务便是做好、完成好体育教学方法的理念设计工作。体育教学的设计除了要确定使用的范围和环境，还要确定实施的范围和对象。只有这样才能提高体育教学的质量，保证体育教学方法的实用性和科学性。

（一）语言传递信息

语言是学科教学中不可避免要使用的工具。语言传递信息，即教师通过口头话语向学生讲述体育的知识与技能的一种教学方法。

1.讲解法

教师在教学过程中用话语为学生讲授体育运动的理论知识，语言通俗易懂、简洁清晰，这便是讲解法。讲解法是教师最常运用的方法，能够在短时间内让学生了解、掌握体育知识，明白其原理。学生在接收体育知识的同时，还会受到思想教育，提高自己的思想道德境界和学习的相关意识。

2.问答法

问答法也是教师经常使用的一种体育教学方法。问答法的作用十分明显，教师提出问题，学生在听问题时的专注力更高；在教师提问的时候，学生需要思考问题，思维能力得到加强；学生在回答问题时，其语言表达能力得到进步。

教师在体育教学中使用问答法时需要注意几点：

第一，语言不能啰唆，尽量简单、精练。

第二，提问时，留给学生思考和讨论的时间尽量简短。

第三，在正式技能教学的开始和结束后设定问答，会更有效果。

3.讨论法

讨论法是语言教学方法中的重要内容。讨论法是指在体育教师的指导下，以班级或小组为单位，围绕教材的中心问题进行讨论，让学生自由讲述自己的意见和看法。与其他方法相比，讨论法有其独特的优势，讨论可以使学生发散自己的思维，发挥自己的才能，可以使学生更加积极主动地参加体育活动。讨论法可以使学生的团队合作精神和集体主义精神更强。

同时，需要注意的是，教师需要关注课堂的纪律，控制讨论的自由度。讨论法可以调节课堂气氛。在讨论过程中，体育教师应该适当参与，引导学生的讨论内容和方向。充分发挥讨论法的积极作用，及时消除讨论法的消极影响。

（二）直接感知

教师对体育技能的演示和直观表达，学生通过身体的感知获得体育的相关技术知识，这便是直接感知，以此为依托的体育教学方法是体育教学中常用的教学方法。直接感知的教学方法具有直观性，在教学中很受推崇，学生十分喜欢这种教学方法。

直接感知的教学方法可以分为动作示范法、演示法、纠正错误动作与帮助法。

1.动作示范法

动作示范法，从字面意思来说，就是教师以自己的动作示范，学生通过示范学习。动作示范法可以将动作的特征、特点及技术要领直接展示给学生，使学生能够清楚地了解自己需要注意的重点。同时，动作示范法也可以使学生对体育更感兴趣。

教师使用动作示范法教学的时候，不能随心所欲，需要注意几个方面：

第一，在示范动作之前，要明确教学目的，动作示范要紧紧追随教学实际的需要。

第二，动作示范的时候，一定要保证动作的准确度，根据教学规范完成动作。

第三，示范动作要美观，美观的动作可以提高学生学习的积极性。

2.演示法

教师展示教具，使学生获得技术和知识的教学方法就是演示法。目前，演示法是教师比较依赖的一种教学方法。演示法主要是教师在无法直接示范教学内容时，借助一些教具使教学达到相应的效果。演示法做到了教学与生活实际相联系，技术和知识的展示更加直观生动，学生对于演示法的接受度较高，演示法提高了学生学习的积极性，使学生乐于掌握相关知识。在体育教学过程中，演示法也发挥着极大的作用。

在教学过程中，教师使用演示法进行教学的时候需要注意几个方面：

第一，演示动作要结合实际，教师在教学的时候要明确目的，要结合教学实际，使学生掌握体育运动相关的技术要领。

第二，演示法要结合教具使用，现代技术的发展，教学中有许多教具可以选择，比如计算机在教学演示中就有很大的作用，可以提高学生学习的积极性。

3.纠正错误动作与帮助法

教师在体育教学过程中帮助学生纠正错误动作的方法就是纠正错误动作与帮助法。这种方法在体育教学中十分常见。

在使用纠正错误动作与帮助法时需要注意几个方面：

第一，使用正确的态度对待学生。教师在发现学生错误需要使用纠正错误动作与帮助法时，要肯定学生的进步。在纠正指导时要使用委婉的语气，不能打击学生学习的积极性与自信心，使学生明白犯错是正常的，同时鼓励学生提升自己的专业知识与技能。

第二，纠正错误的重点在错误动作上。很多错误不是所有的动作都错了，而是个别动作错误。主要的错误动作被纠正，其余动作也会相应正确。

第三，纠错要有针对性。错误动作的产生都有相应的原因，当特定的原因被发现，并针对其做出指正，错误动作也就随之改正。

（三）身体练习

通过身体锻炼和练习及技能的学习，学生掌握和巩固某种运动技能的方法，即以身体练习为主要设计理念的体育教学方法。体育教学主要以学生的实践活动为主要特征。以身体练习为主的教学，是开展体育教学的主要方法和形式，更是教师传递知识和技能的重要方式。在体育教学实践中，以身体练习为主要设计理念的体育教学方法有分解练习法、完整练习法和领会练习法。

1.分解练习法

将复杂的动作分解成几个部分，分别对各个部分进行教学的方法叫作分解练习法。分解练习法的主要作用是降低体育运动技术的难度系数，使学生更易掌握相关的内容。分解练习法的重点是确保分解步骤的合理、科学，教师把握好分解步骤的时间点，保证分解步骤的连贯畅通。比如，在进行篮球教学的时候，教师可以将教学步骤分解为传球、运球、投篮等，学生掌握分解动作后再合并练习。

2.完整练习法

在体育教学中，完整练习整套动作的方法就是完整练习法。完整练习法适用于简单的体育运动项目，如仰卧起坐、扎马步和跑步等。完整练习法的优点是保证动作的完整性和连续性，使完整的动作概念在学生脑海中呈现。教师使用完整教学法教学时需要注意学生是否能接受这种方式。在教学之前，教师要通过相应的语言描述相关内容，并对体育运动进行示范练习。与此同时，还要增加相关的辅助练习，这样才能使体育教学真正发挥作用。

3.领会练习法

教师借助相应的语言、图片、文字及视频，使学生大致了解认识一项运动的方法就是领会练习法。领会练习法使学生在教师教学之前便对教学内容有所了解，可以提高学生学习的兴趣，使学生在学习过程中更加积极。同时，学生对这项运动更加了解，也有助于学生提高相应的知识技能。

教师在选用这种教学方法的时候，应该从项目的整体特征入手，然后引导学生对此项目进行具体的练习，最后回到整体的认识和训练中去；同时教师应该注意培养学生的战术意识，使战术意识贯穿整个教学始末。例如，在对学生讲解排球比赛相关规则和讲授技术时，首先让学生观看某场伴有现场解说的排球比赛，视频和文字介绍能让学生领会到比赛的规则；观看现场比赛，可以让学生领会排球比赛战术和某一技能的重点。

二、体育教学方法的影响因素

（一）教学目标与教学任务

在体育教学之前，教师必须确定教学目标和任务。教学目标能为体育教学定下方向，并确定教学的重难点。教学任务是教师能否实现体育教学目标的基础与保障。教学方法则为实现教学任务搭起桥梁，同时，教学方法的选择也离不开教学目标与任务的引导。体育教师应当根据教学的具体情况，灵活设计具有针对性的教学方法，以此提高教学质量。

通常，体育教学目标划分为三个部分，分别为认知、情感与技术动作。而每个部分根据具体情况的不同，可细化成若干层次。由于体育教学受到多方面因素的影响，而学生的身体素质、掌握情况也不尽相同，因而教学方法也需要有所调整。例如，某次教学目标以加强学生对某种运动的理论知识掌握为主，教师就需要以讲解为重点，帮助学生掌握理论知识；某次教学目标以提高学生某种运动的技能为主，教师就需要在此次教学中多安排学生实操，以达到教学目标。

总而言之，体育教师不仅需要掌握涉及教学内容的体育运动技巧，还需要掌握相应的教学方法。体育教师应当分析教学内容，规划好教学计划，选择最适合其课堂的教学方法。

（二）教学内容的特点

教学内容是体育教学的重要参考，也是体育教学方法的服务对象之一。不同课程及科目的教学内容不同，其教学任务也就存在很大的差异，所需要的教学方法也会不同。由此可见，教学内容的特点是教学方法选择和实施的参考依据。例如，某一位体育教师在教学体操课程时，就需要根据体操对学生身体特点的要求和体操运动所需的场地、器材、目标来选择适当的教学方法。

每一种教学内容都有其相适宜的教学方法，如果需要学生掌握的教学内容是一些纯理论性的知识，如体育教学的发展历史、体育教学的起源等，就可以选择讲解法，或者借助多媒体教具，以图片和动画的形式向学生展示体育相关的理论知识。如果所教学的内容是一些技术性较强的知识，如篮球、足球、乒乓球等，那么就需要运用分解练习法，而且由于此类运动具有群体性，教师还应该采取小组教学的方式。

（三）学生的身心发展状况

学生的学习生涯离不开体育教学，在不同阶段，身心的成长和发展都不相同，主要包括学生现有的知识水平、智力发展水平、学习动机状态、心理发展的年龄阶段及特征、认知方式与学习习惯等因素。因此，学生的身心发展状况对体育教学会产生一定的影响。心理学研究和教学实践都表明，学生的身心发展状况与教学之间存在相互作用。

体育教师应当从学生的心理特征入手，根据其已具备的基础知识水平，制定不同的教学策略。体育教师在制定目标时，可以降低教学难度，寓教于乐，有针对性地选择和运用相应的教学方法，使学生在学习知识、掌握技能的同时，身心得到健康发展。

（四）教师自身的素养

教师在体育教学中起着指导与主导作用，承担着培养学生身体素质和综合素质的责任，同时肩负着向学生传递体育相关知识的责任。故而教师自身素养对教学方法的选择和实施有着直接和重要的影响。对于体育教师来说，其素养主要包括四个方面——学科知识、组织能力、思维品质和教学能力。

教师在教学过程中，除了要关注学生的实际情况之外，还要不断提高自身的素养和专业水平，这样才能根据自己的优势，选择适合自己的教学方法，并不断创新教学方法，逐步提升自己的教学水平，这也是提高教学质量的关键。若某位教师缺乏实践教学的经验，并且在教学的组织上存在严重的缺陷，则无法保证课堂教学的效果，也无法正确地引导学生学习相关知识，无法保证教学方法的实施。

对自身素养保持要求，是一位体育教师对学生负责、对课程负责、对教学负责的表现。巧妇难为无米之炊。如果一位体育教师从未接触过排球运动，却让其负责排球相关的课程，势必会造成教学过程与结果不尽如人意。即使他能够选择出适用于该运动的教学方法，也会因为自身经验的欠缺，导致教学的过程无法按照预期进行。

（五）教学方法本身的特性

教学方法虽然是保证教学质量的关键，但是没有一种教学方法是万能的。每一种教学方法都有其相适应的人群与所适用的环境和条件，离开这种环境和条件，这种教学方法将无法充分发挥作用。简单来说，教学方法只在特定的环境和特定的内容中，才会表现出亲和性和功能性，而且不同的教学方法对教学设备、教学对象和学生的身心发展特点等方面均有影响。教学方法本身就是一种多因素的有机组合，既存在促进的关系也存在矛盾的关系，这些因素同时决定了每一种教学方法都有其相适应的范围和条件。

通过上面的文字叙述，可清楚地了解到，教学方法本身所具有的特性，也是影响教学方法的因素之一。

（六）教学环境的要求

没有教学环境为基本条件，就难以开展体育教学。无论是体育教学，还是其他教学，都离不开相应的教学环境。教学环境是教学方法产生的土壤，也是教学方法赖以生存的养料。教学环境包括教学硬件设施（如教学器材、辅助仪器、教学所需的资料和书籍）、教学空间条件（包括教学场地、实践场地）和教学所需的时间。有利的教学环境会对教学起到一定的促进作用，反之则会起到阻碍作用。因此，在教学的时候，要进一步开拓教学方法的适用范围。只有这样，教师在选用教学方法的时候，才能最大限度地利用教学环境，不断提升教学质量。

通过上面的文字介绍可知，教学环境也是影响教学方法的因素之一。例如，一个没有足够教学场地的学校，在开展篮球、足球和乒乓球教学时，由于缺乏相关设备，无法采取示范法进行教学。

（七）体育教学的指导思想

对于体育教学方法来说，其核心便是教学的指导思想。在指导思想的影响下，会产生与之对应的教学方法，可以说，有何种教学指导思想，就会产生何种教学方式。体育教师只了解教学理论不足以选择最优教学方法，还需要其在指导思想上具备时代性与科学性。

不难看出，教学方法的选择是一个复杂的过程，受各方面因素的影响，这就决定了教学方法的选择并不是一成不变的。所以，体育教学不能够墨守成规，而应灵活机动，根据具体的情况进行选择，选用最合适的教学方法，以达到其教学目的。

三、科学体育教学方法的选择和运用

（一）合理选用体育教学方法的意义

为了使教学能够呈现出最佳的效果，高校体育教师必须遵从两个原则来选用体育教学方法：一是科学，二是合理。由于越来越多的高校体育教学方法在不断涌现，甚至还在不断地创新，因而高校体育教师必须正视科学合理地选择体育教学方法的重要性。

作为一名高校体育教师，必须把"如何保证教学质量"放在考量当中，并要明白其重要性。根据当前体育教学环节的目标和其他的一些教学因素，高校体育教师应当选择最为合理的教学方法。与此同时，要研究在教学过程中所涉及的各方面的因素，分析后对不同的教学方法进行合理组合，以达到提高教学质量的目的。

教师在教学的时候，教学方法是他们所需的必要手段。因此，每位教师都需要教学方法这一工具来开展教学工作。毫无疑问，工具会直接影响教学的质量。高校体育老师在了解各种体育教学方法之后，还要学会如何在工作实践中合理地运用这些教学方法，以此达到最佳的教学效果，从而提高教学质量，完成相关的教学任务。

（二）选择体育教学方法的依据

1.根据体育课程的目的和任务选择教学方法

由于教学目的和教学任务大不相同，多种多样的体育教学方法被应用在不同的体育课程当中。因此，体育课程的教学目的和教学任务可以作为重要依据之一。如果需要让学生了解体育方面的相关知识与要求，可以采用一般教学方法——讲解法；如果需要让学生学会运动方面的技巧，可以根据条件选择动作示范法或演示法；如果需要让学生通过练习来完成教学任务，可以选择练习法。由此可以看出，教学目的和教学任务是高校体育教师用来选择体育教学方法的重要依据之一。

2.根据体育教学内容的特点选择教学方法

在其他课程，诸如数理化的教学过程中，面对不同类型的题目，必须选择所对应的解题方法，否则无法达到解题目的。在体育教学中也是一样，面对不同类型的教学内容，高校体育教师需要根据教学内容来选择相对应的体育教学方法。例如，教师在为学生们讲解器械的使用方法时，可以使用分解教学法；在讲解游泳、滑冰中对技术和技能要求很高的动作时，要采用分解教学法；而在训练类似于跑步、跳跃这种具有较强连贯性且动作发生较为短暂的运动项目时，便可以采用完整教学法。面对如此多的教学方法，高校体育教师首先要做到仔细分析教材，之后根据体育教学内容的特点来选择体育教学方法。

3.根据学生的实际情况选择教学方法

高校体育教师如此重视对教学方法的选择，其根本目的是达到最佳的教学效果，使每位学生都能够掌握教学内容，促进体育教学目标顺利完成。合理选择并使用教学方法，不是高校体育教师为了凸显自身能力而做的事情，体育教学方法需要照顾的并不是教师，而是学生，教师需要根据学生目前的学习效果选择与调整教学方法。教师在选择教学方法的时候，应当考虑教学方法是否符合学生的发展特点、能否被学生迅速理解与接受。考虑得更加具体时，要考虑学生的年龄、身体状况和学习能力等，从学生学习的实际情况出发，选择能让学生高效地掌握技能的教学方法。

4.根据教师自身的情况选择教学方法

作为教学方法的实施者，教师需要理解每一种教学方法，只有当教学方法与教师自身的特点紧密结合时，教学方法才能产生最大的效果。有的教学方法本身是具有一定教学效果的，但是由于教师的自身素质并没有达到那个水平，强行使用这样的教学方法也并不能达到预期中的教学效果，甚至会降低教学质量。因此，体育教学方法的选择也受教师自身素养的影响。对于那些思维能力和语言表达能力较强的体育教师来说，可以多用语言向学生传授体育知识；对于那些运动技能强的教师，可以采用演示的教学方法，让学生更快地汲取体育知识。

5.根据教学方法的适用范围选择教学方法

体育教学方法的种类有很多，它们也都有着各自的特点，适用于不同的条件。高校体育教师在教学的过程中，需要了解每种教学方法的特点与使用条件，以此来达到最佳的教学效果。例如，领会教学法更适合运用于大学高年级学生的教学中，因为高年级学生的认知能力更强，而大学低年级学生的认知能力还没有得到充分发展，用这样的教学方法不一定能够被他们所理解。由此可以看出，高校体育教师在教学中，应该分析教学方法的适用范围，根据实际情况选择教学方法。

6.根据教学时间和效率选择教学方法

每一种教学任务所需要的教学时间和最终的教学效率是不同的，如实践法比讲解法需要花费更多的时间，分解教学法比完整教学法需要花费更多的时间。针对一些只听讲解无法完全理解认知的问题，实践法会比讲解法的效率更高。所以，高校体育教师在选择教学方法的时候，要将每一种教学方法的教学时间和效率纳入考虑范畴当中。一种合适的教学方法应当同时保证时间和效率，用尽可能少的时间，完成相应的教学任务，达到最高的效率。因此，高校体育教师必须全面掌握体育教学方法，根据自己的了解与教学情况采取省时、高效的教学方法，使教学效果呈现出最佳状态。

（三）体育教学方法选择和应用的原则

1.目标性原则

科学合理地选择教学方法就是为了更好地实现教学目标，教学目标让教学方法的选择有了明确方向，而教学方法也能够促进教学目标的实现。因此，在选择教学方法时，在最开始应该明确教学目标是什么，接着要考虑如何用这种教学方法更高效地完成教学目标。只有先保证教学方法是具有目标性的，才能保证教学的质量，顺利完成相应的教学任务。

2.有效性原则

教师在选择教学方法时，不能忽略教学目标完成的有效性，也就是指这种教学方法能够提高教学质量，顺利完成教学目标。相较而言，有些教学方法的步骤较多，所需的教学时间会比较长，这就可能在一定程度上干扰到其他的教学内容，降低了整体的教学效率。那么，这种教学方法是不具备有效性的，阻碍了教学活动的顺利进行。举例来说，高校体育教师在指导学生练习跑步的时候，结合了多媒体教学和实践训练两种教学方法，但跑步其实是一项简单容易的教学项目，多媒体教学浪费了教学时间，降低了教学效率，因此会降低教学的有效性。

3.适宜性原则

每一种体育教学方法都有其相适应的教学环境和对象群体。所谓的适宜性可以分为两个方面进行论述：一方面是教学方法与学生之间的适宜性，主要指教学方法是否符合学生身心发展的特点；另一方面是教学方法与教师之间的适应性，每一种教学方法对教师的自身素质都有要求，只有两者相适应，才能最大限度地发挥教学的优势。

4.多样化原则

体育是一门较为复杂的学科，体育教学方法也十分丰富，每一种教学方法都有其相对应的功能和作用，只有多种方法相互结合才能发挥体育教学的优势。多样化的教学方法不仅可以让体育课堂更加生动和丰满，而且能调节课堂的气氛，激发学生的学习热情和主观能动性，使学生集中注意力，实现教学效果，提高教学质量。

5.统一要求和因材施教相结合原则

科学的体育教学方法是针对每一个学生而言的，也就是说，教师在选择体育教学方法时，需要针对学生的共性，统一考虑学生的整体特点和需求，使绝大部分的学生都能够接受和学习。同时，选择的教学方法应简便适宜，难度不能太大，合理搭配各种体育设备。另外，统一要求也要和因材施教结合起来，既对学生有整体的要求，又需要兼顾学生的个性和生理特点。

首先，要正确分析和判断教材的重点、难点。教师必须熟悉教材，认真备课，采取行之有效的教学手段与教学方法。要抓重点、突破难点，在教学实践中，它是优选和创新教学方法的动力之源，也是提高体育教学质量的关键。其次，要处理好知识、技能、技术与发展体能、锻炼身体的关系。最后，要有的放矢，既要达到教学的基本要求，又要发展学生个性特长和各自的爱好，要在研究学生性别、年龄特征的基础上，加强组织措施和个别对待。

总之，只有贯彻统一要求和因材施教相结合的原则，才能更好地促进教学方法的针对性和实效性，不断提高教学质量。

（四）有效地运用体育教学方法的建议

1.注意影响体育教学方法效果的因素

教师要善于综合地、灵活地运用教学方法，取得最优化的教学效果。对于体育教师来说，其所掌握的专业理论知识（特别是关于教学法方面的知识）越丰富，在选择和运用体育教学方法时，就越有把握取得较好的效果。在体育教学实践中，体育教师的教学经验、教学技巧（含应变能力）和教学艺术（语言艺术、表演动作艺术及组织艺术等）都对运用体育教学方法的效果具有重要的影响。所以，提高体育教师的素质（主要是提高其运用体育教学方法的水平）是提高体育教学方法使用效果的首要因素。

然而，体育教学是师生的双边活动，体育教学的效果还与学生的因素紧密相关，在一定条件下，学生因素还可能是关键的因素。例如，当学生上体育课无兴趣、注意力不集中时，尽管体育教师讲解得正确、生动、形象，动作示范得准确、协调、优美，学生仍然可能听而不闻、视而不见，那么教学不会产生较好的效果。学生的学习动机、主动性、积极性和创造性，独立分析评价的知识、方法和能力、运动技术水平，以及身体的发育特点、人际关系（包括师生关系和同学之间的关系）等，无一不对教学效果产生影响。

体育教学的物质技术条件、环境等因素，也是学习不可忽视的因素。例如，在体育馆内上课，可以减少周围环境的干扰，有助于提高体育教学的效果。所以，在强调人的因素的同时，也不要忽视物质的因素。

教学过程本身是一个动态过程。根据教学过程的动态特点运用教学方法时，要求教师在备课过程中尽量估计教学活动中可能产生的新情况，准备应变办法；上课过程中，根据教学实际情况，灵活地、创造性地调整教学方法，以争取获得最大的教学效果。

2.注意运用体育教学方法的有关理论

理论虽然来源于实践，但又高于实践、指导实践。运用体育教学方法是实践问题，但又是理论问题。作为体育教学方法运用的理论基础，除了生理学以外，还应以唯物辩证法的基本观点、系统论原理、教育学、心理学等与体育教学有关的学科理论知识为基础，研究创新高校体育教学方法。

3.注意体育教学方法的有效配合

高校体育教师在日常教学中，不仅要学习相关的知识，继承传统科学的教学方法，还要不断创新、研究，反复实践，总结出适合自己的一套教学方法。这样既能提升自己，还有利于学生的发展。

第一，运用任何一种体育教学方法，都应当保证师生双方的协调活动。运用任何一种体育教学方法，既要考虑体育教师的活动——如何教，又要考虑学生的活动——如何学。

第二，在运用体育教学方法过程中，教师既要考虑学生的外部活动和表现，又要考虑学生的内部活动与变化。首先，学生的外部活动和表现，主要表现在注意力变化、情绪变化、动作质量、出汗程度、脸色变化等方面，从中可以获得关于学生学习的主动性、积极性、体力情况，以及学习的效果等方面的反馈信息。其次，学生内部活动与变化，主要表现在心理活动、生理变化等方面。这些活动与变化，往往对学习效率和学习效果起着决定性的作用。因此，教师在运用体育教学方法时，配合使用指导学生外部活动的方法与激发学生内部活动的方法，并且根据学生内、外活动变化的情况不断调节这两者之间的关系，使学生主动学习。

第三，体育教学中运用体育教学方法时，要注意学生掌握知识和技能不同阶段的配合情况。学生在开始阶段，往往以模仿学习为主，可能模仿教师的动作（这是基本的），也可能模仿他人的动作。经过多次反复地练习，学生形成运动技巧，然后就可以完全摆脱模仿动作的模式，从个人的特点出发，做出有创新的动作。因此教师在运用体育教学方法时，要注意学生的变化，使学生由"模仿型"向"创造型"过渡，既使二者有机地联系起来，又要做到区别对待。

第四章　体育运动训练及专项身体素质

第一节　运动训练的原理与方法

一、运动训练的发展创新

（一）运动训练的理念需要创新思维

运动训练理念一直是在科学理论与实践经验的不断冲突和碰撞过程中，得到丰富和发展的。科学理论与实践经验的不断冲突和碰撞，激发了竞技体育活动过程中的创新思维。在竞技体育活动中，研究者通常把研究对象的顺序、原理、属性、结构和大小等因素，通过改变常规思考和处理方向来创新理念。例如，力量训练方法中"正金字塔"与"倒金字塔"训练方法的应用，速度与耐力训练过程中组数与次数的逆变性组合，都会对运动训练产生一定的影响；在田径比赛中，运动员轮次的变化也深刻体现了逆变的作用。球类项目中诸多类似"扬长避短"、"攻其不备"和"黑马奇兵"的战术变化，都是通过改变对象的顺序、原理、属性、结构和大小等因素，或者是融合了其他思想而引发的创新思维，对竞技体育发展起到推动作用。

（二）运动训练理念的变化发展

运动训练活动是一种开放的物质活动，总是在不断地拓展和深化，并不是原有物质活动的简单重复，因而必然会产生新情况，涌现新问题。训练活动的指导思想也不是一成不变的，当原有的运动训练理念不能有效地阐释新情况和解决新问题时，就要求对运动训练理念进行创新，对运动训练的本质、规律和发展变化的趋势做出新的理论概括。

在不同的时期和阶段，随着项目发展形势和变化的需要，运动队和运动员的具体情况和特点各不相同，训练理念也在不断变化。这种变化反映了人们不断使自己的思想符合客观实际，以形成正确的指导思想，促进训练的发展。不过，理念的主观形式与客观实际的统一过程也不是绝对的，而是相对的，因为人们的认识只能相对地逼近客观实际，而不可能穷尽客观实际。事物的发展变化是相对的，不以人的主观意志为转移。随着运动训练实践的进一步发展，原来与客观实际相统一的理念可能会变得不一致了，并且差距越来越大，于是人们又需要创新。

在当代科学技术快速发展，并向竞技运动训练大规模介入和渗透的背景下，运动训练发生了深刻和巨大的变化，教练员的训练理念也在不断补充与更新。实践已经证明：一个运动员成绩的快速提高，乃至一个运动项目水平的快速发展，往往都与教练员训练理念的补充和更新密切相关。科技的进步、经济的发展、社会的繁荣，为运动训练理念的发展提供了必要的条件，同时也会催生出更新的运动训练理念。原有的运动训练理念不会像人们所预言的那样进入衰退期甚至是衰亡期，而是经过一段时间的调整后，立足自身的优势，借鉴其他学科的长处，对自身进行有效的改造而获得新的发展。

二、运动训练的基本原理及原则

（一）运动训练的基本原理

1.运动训练的运动学基础

运动学基础主要指的是运动技能的基础。所谓的运动技能，是指人体在运动中掌握和有效地完成专门动作的能力，也就是在准确的时间和空间里用大脑精确支配肌肉收缩的能力。提高运动技能依靠人们对人体机能客观规律的深刻认识和自觉运用。

（1）人体运动系统的构成

第一，肌肉组织主要由肌细胞组成。肌细胞为细长的细胞，故亦称肌纤维，是肌肉的基本结构和功能单位。每条肌纤维外面皆由一层薄的结缔组织膜包裹，称为肌内膜。数条肌纤维构成肌束，一个个的肌束表面也由肌束膜包裹。肌束再合成从外表看到的一块块肌肉，外面包以结缔组织膜，称为肌外膜。肌肉中，水分约占 3/4，另外 1/4 为固体物质（如能量物质、蛋白质、酶等）。

人在参加运动的过程中，其动力是由骨骼肌不断地运动来提供的，骨骼肌在神经系统支配下，收缩牵动骨骼，维持人体处于某种姿势，或产生人体局部运动，最终促进机体完成运动所需的各种动作。人体内脏器官的活动也离不开相应的平滑肌和心肌的作用。

骨骼肌是指附着于骨骼上的肌肉，是肌肉的一种。骨骼肌在人体内分布广、数量多，是运动系统的主体部分。人体内约有 600 块大小不一的骨骼肌，占体重的 36 %～40 %。成年男性约占 40 %，成年女性约占 35 %。可分为中间庞大的肌腹和两端没有收缩功能的肌腱，肌腱直接附着在骨骼上。骨骼肌收缩时通过肌腱牵动骨骼而产生运动。肌腱由排列紧密的胶原纤维束构成，肌腱内胶原纤维互相交织，形成辫子状的腱纤维束。肌腱的一端与肌内膜、肌束膜和肌外膜相连接；另一端与骨膜紧密结合。肌腱本身虽无收缩能力，但能承受很大的拉伸载荷，而肌腹的抗张力强度远远不及肌腱。

第二，骨骼是由骨膜、骨质、骨髓及血管、神经所构成的，它以骨质为基础，表面被骨膜包裹，内部充满骨髓。骨是人体运动系统的重要组成部分，对运动员的运动和训练起着至关重要的作用。但是骨的功能不仅仅体现在它的运动功能上，它还有支撑身体、保护脏器、造血、储备微量元素等功能。

第三，关节是骨与骨之间借助结缔组织、软骨或骨的连接。借助关节连接起全身的骨骼，对整个人体起到支撑和保护的作用，特别是人体的运动更加依赖关节的活动是否顺畅。

关节主要是由关节面、关节囊和关节腔所组成的，辅以韧带、关节内软骨和关节唇等结构。根据关节运动轴的多少和关节面的形状等因素，可以将关节分为单轴关节、双轴关节和多轴关节三种形式。也可以根据两骨间连接组织的不同，将关节分为纤维性关节、软骨关节和滑膜关节。

（2）运动过程中人体机能的变化

第一，比赛前后身体机能变化的基本过程。在运动训练的过程中，多重刺激源作用于运动员机体，引起各器官系统的机能发生一系列变化。依据机能表现形式，大致可分为赛前状态、进入工作状态、稳定状态、运动性疲劳和恢复过程五个阶段。

一是赛前状态。运动员在训练前，某些器官、系统产生的一系列条件反射性变化，被称为赛前状态。赛前状态可出现在比赛前数天、数小时或数分钟。

二是进入工作状态。在训练活动开始后，虽然经过了一定的准备活动，但是人体并不能立刻达到最高的水平，而是需要经过一个逐步提高和适应的过程。这一过程被称为进入工作状态，其实质就是人体机能的动员。

三是稳定状态。当机体逐渐适应比赛时，则进入稳定状态，这时，人体的机能活动在一段时间内保持在一个较高的变动范围。

四是运动性疲劳。机体在运动过程中会产生一定的运动能力暂时下降的现象，该现象被称为运动性疲劳，是由运动训练负荷引起的一种正常的生理现象。适度的疲劳可以刺激机能水平不断提高，但发展到一定程度时就会出现过度疲劳，可能会造成机体损伤，以致损害健康。

五是恢复过程。恢复是指人体在运动之后，人体的各项生理功能恢复、能源物质补充、代谢物排出等一系列变化。运动时体内代谢过程加强，不间断地代谢以满足运动时能源的补充需要，在运动中及运动停止后能源物质都在不断进行补充和恢复，只不过运动中的能量消耗大于补充，运动后的体内能量消耗小于补充。

第二，一次训练中身体机能变化的基本过程。人在运动的过程中，运动训练负荷作为一种刺激，必然会引起各器官系统机能发生一系列应激性反应。在运动训练前后，这些反应可表现为耐受、疲劳、恢复和消退等不同阶段。

一是耐受阶段。在运动训练开始阶段，人体的各项机能会在一定的水平上维持一段时间，并不会马上表现出衰减或降低，这一阶段被称为耐受阶段。在这段时间内，由于机体已经从上次训练中得到不同程度的恢复，会表现出比较稳定的工作能力，能高质量地完成各项训练任务。训练的主要任务正是在这个阶段完成的。

二是疲劳阶段。在经过一定时间的运动训练负荷的刺激，人体会产生一定的疲劳状况，机能和效率都会逐渐下降。达到一定程度的疲劳深度，正是训练安排所要达到的目的。只有机体达到一定程度的疲劳，机体在恢复期才能发生结构与机能的重建，运动能力才能不断得到提高。

三是恢复阶段。训练结束后，即进入了恢复阶段，机体开始补充所消耗的能源物质，修复和重建所受到的损伤，恢复紊乱的内环境。机体在恢复阶段恢复的速率，主要受两方面影响：一方面，身体的耐受阶段持续时间的长短，耐受阶段持续时间越长，则疲劳程度越深，恢复需要的时间就越长；另一方面，运动结束后能量的补充是否及时，能量补充越及时、越到位，则恢复的速度越快。

四是消退阶段。超量恢复不会一直持续，它会随着时间的增长而逐渐消失，如果不及时在超量恢复的基础上施加新的刺激，那么已经形成的训练效果就可能会逐渐消退。

运动效果保持的时间和消退速率主要取决于超量恢复的程度，所出现的超量恢复现象越明显，保持的时间相对越长。因此，在安排运动训练的内容时，不仅应重视训练负荷安排的合理性，而且必须重视运动训练后的恢复，并在出现超量恢复后及时安排下一次训练。

（3）运动训练对人体运动系统的影响

经常参加运动训练对人体运动系统有着重要的影响，其影响主要表现在以下方面：

第一，运动训练对肌肉的影响。参加运动训练能够充分地发展骨骼肌，使肌纤维增粗，肌肉的体积增大，肌肉力量增加。该项运动能够使肌纤维中线粒体数目增多，肌肉中脂肪减少，从而减少肌肉收缩时的摩擦，即肌内膜、肌束膜、肌腱和韧带中的细胞增殖、增厚；肌肉内化学成分发生变化，如肌糖原、肌球蛋白、肌动蛋白和水分等含量都有增加，从而使 ATP（Adenosine Triphosphate，腺苷三磷酸）加速分解，与氧的结合能力增强，有利于肌肉收缩，表现出更大的力量；可使肌肉中毛细血管增多，改善骨骼肌的供血功能。因此，经常参加运动训练的人的肌肉会发达、结实、健壮、匀称有力，收缩力强，这类人运动持续时间更长。

第二，运动训练对骨骼的影响。大学生新陈代谢旺盛，在这一时期进行合理的运动训练，对骨的生长和发育有着良好的作用。经常参加运动训练，可使骨表面的隆起更为显著，骨密质增厚，管状骨增粗。这一系列骨形态结构的改变，能够提高骨的抗压、抗弯、抗折断和抗扭转等机械性能。

骨的良好变化，与肌肉的牵拉作用有密切关系。肌肉力量的增加与骨量的增加有着显著相关性，且骨量增加部位与肌肉训练部位有关。当肌肉力量增大，肌肉收缩对骨骼产生的应力刺激可有效提高成骨细胞的活性。

第三，运动训练对关节的影响。定期适量的运动训练可以使骨关节面的密度增加，骨密质增厚，从而越发能够承受更大的运动训练负荷。由于运动训练项目不同，运动训练对关节柔韧性所起到的作用也不同。例如，乒乓球、羽毛球、篮球等项目，对参与者的急转、急停能力的要求极高，这就需要参与者拥有良好的关节柔韧性。同时，关节的稳固性和灵活性又是一对矛盾，因为肌肉力量大，韧带、肌腱、关节囊就会增厚，这对关节稳固性和防止关节损伤有很大好处，但这样又势必会影响关节的灵活性。所以，在运动训练时，运动者要处理好关节的这对矛盾。

2.运动训练的生理学基础

（1）物质代谢

食物中包含多种营养素，人体从食物中摄取各种营养物质，经血液循环输送到各人体器官，通过相应的代谢为人体提供能量。糖、脂肪和蛋白质等营养物质经人体吸收后，人体的组织、细胞一方面合成、代谢构建和更新自身储存的能源物质，另一方面分解代谢（氧化分解）产生能量。物质代谢主要包括以下几种：

第一，脂肪代谢。

脂肪分解代谢产生的能量是长时间中低强度运动的主要供能物质。人体的肌肉组织中储存着少量的脂肪，在运动时会产生一定的能量。当脂肪的氧化增加时，血浆中的游离脂肪酸便会透过肌细胞膜，进入肌细胞，然后被氧化，而脂肪组织则水解成甘油和脂肪酸，进入血浆中，以补充被消耗的游离脂肪酸。因此，脂肪是在酶作用下水解成脂肪酸和甘油来释放能量的。

第二，糖类代谢。

食物中的葡萄糖经消化吸收后，汇集于门静脉，经肝进入血液循环，其中大部分运到各组织合成为糖原和含糖化合物，其中最主要的是到肝中合成肝糖原储存。一部分转变为脂肪和氨基酸，血液中保留的一部分糖，被称为血糖；另一部分直接供组织氧化利用，释放能量，同时产生二氧化碳和水，并将其排出体外。糖的氧化分解是供应人体活动所需能量的主要来源，全身各组织都能进行这一反应。糖的氧化分解包括无氧分解和有氧氧化两种主要方式，从本质上来讲，这两种形式是同一过程在两种情况下（缺氧与氧供应充足）的不同反应方式，其反应过程在前一阶段是完全相同的，在丙酮酸产生以后开始出现差别。糖的无氧氧化产生乳酸；氧供应充足时，丙酮酸继续氧化生成二氧化碳和水，并释放出蕴藏在分子中的能量。

第三，蛋白质代谢。

蛋白质是人体生命活动的重要组成部分，也是人体重要的能源物质之一，与机体运动之间存在非常紧密的联系。它在调节机体各种生理功能中起着不可替代的作用。一般来说，蛋白质不能直接提供人体运动所需的能量，为人体提供能量只是蛋白质的次要功能，只有在某些特殊情况下，如长期饥饿、患病或体力极度消耗时，人体才会依靠蛋白质氧化供能。

蛋白质分解代谢过程中能产生许多物质，对糖和脂肪的供能有着重要的作用，同时，蛋白质的分解代谢和合成代谢平衡是维持人体生命活动的基础。蛋白质主要参与实现人体代谢更新，由于蛋白质主要由氨基酸组成，因此蛋白质的代谢过程是以氨基酸代谢为基础的。蛋白质的代谢需要很多激素参与调解，如肾上腺素和甲状腺素能促进蛋白质的分解。表现为甲亢时，甲状腺素分泌增加，人体蛋白质分解增加，人体逐渐消瘦；当生长激素分泌增加时，人体蛋白质合成增加，肌肉健壮。

（2）能量代谢

第一，人体物质能量储备。人体通过消化系统摄取必要的能量物质，这些物质在人体内经过生物氧化反应，分解成代谢物，同时释放出大量的能量。这些能量大部分以热能的形式释放于体外，还有一部分则转化为化学能，储存在 ATP 的高能磷酸键中。人体活动的直接能量就来源于 ATP 的分解，肌肉收缩需要 ATP 供能，消化管道的消化和吸收都需要 ATP 供能。ATP 的重新合成需要糖、脂肪和蛋白质的氧化分解供能。ATP 的再合成有多种途径，就其供能系统而言，主要有以下三种：

一是磷酸原系统。它是由细胞内的 ATP 和 CP（Creatine Phosphate，磷酸肌酸）这两种高能磷化物构成，具有供能绝对值不大，持续时间很短的特点。但是，它供能快速，因为 ATP 是体内唯一的直接能源，所以其能量输出功率最高。

二是有氧氧化系统。它是指在氧供应充分的条件下，糖和脂肪完全分解生成二氧化碳和水，同时生成大量的能量，使 ADP（Adenosine Diphosphate，腺苷二磷酸）再合成 ATP。有氧氧化系统能生成丰富的 ATP，不生成乳酸之类导致疲劳的副产品，它是人进行长时间耐力活动的主要供能系统。

三是乳酸能系统。乳酸能系统又被称为无氧糖酵解系统。它的能量产生依靠肌糖原的无氧酵解，最后产生乳酸，而放出的能量由 ADP 接受后，再合成 ATP。乳酸能系统是在机体处于缺氧的情况下的主要能量来源。乳酸能系统为人体供应能量，它的作用与磷酸原系统一样，能在人暂时缺氧的情况下迅速供能。

在参与不同项目的训练时，运动者应根据自身的年龄、身体条件及个人需要来选择适合的运动项目，同时还要注意所选择的运动手段和项目的科学化。运动者除了选择有氧氧化系统的项目外，还可以适当选择乳酸能系统供能的项目，发展身体的无氧耐力。

第二，运动中三大供能系统活动的关系。在人体运动过程中，人体运动形式不同，不同的能量代谢系统提供能量的能力和速率也会不同。磷酸原系统和乳酸能系统都供应能量，但 ATP 和 CP 的最终合成，以及糖酵解产物乳酸的消除要通过有氧氧化来实现。所以，肌肉活动所需能量的最终来源是糖和脂肪的有氧氧化。人体中磷酸原系统供能的绝对值不大，在运动中维持的时间也很短，但是能在短时间内快速作用。

总体来说，人体在运动过程中，各供能系统之间的关系与运动训练负荷的强度和持续时间密切相关。在 0 秒～180 秒最大运动时，各供能代谢系统的基本活动主要表现为：在 1 秒～3 秒的全力运动中，基本上由 ATP 提供能量；在完成 10 秒以内的全力运动时，磷酸原系统起主要供能作用；在 30 秒～90 秒的运动中，以糖酵解供能为主；在 120 秒～

180 秒的运动中，糖有氧氧化提供能量的比例增大；而 180 秒以上的运动，则基本上是有氧氧化供能。

随着人体运动时间的延长，供能物质由以糖有氧氧化为主逐渐过渡到以脂肪氧化为主。总之，人体在运动中，并不是由一个供能系统完成供能的，而是在一个主要的供能系统的基础上，由其他的供能系统参与其中，共同完成人体运动所需要的能量供应。每个供能系统都有其独特的特点和供能能力，供能系统不同，所需要的能源物质也不同，运动中的输出功率和供能时间也会有明显的差异。

（3）运动与呼吸

运动员在运动训练的过程中，机体与外界环境之间的气体交换，被称为呼吸。呼吸系统包括呼吸道和肺，而呼吸道是一系列呼吸器官的总称，这些器官包括鼻、咽、喉、气管和支气管。人体的呼吸过程由外呼吸、内呼吸和气体运输三个环节构成。

呼吸系统是氧运输系统的重要组成部分，其主要机能是实现机体与外界环境的气体交换，以使血液中的氧分压、二氧化碳分压、酸碱度维持在正常生命活动所允许的范围之内。人体通过肺实现与外界气体的交换，通过血液实现气体的输送和排出。人体在运动时，机体代谢旺盛，所需氧量及二氧化碳排出量明显增加，呼吸系统加强，所以运动训练（特别是耐力训练）必将使呼吸系统的形态、机能产生适应性变化。

呼吸肌主要是膈肌和肋间外肌。当膈肌收缩时腹部随之起伏，肋间外肌收缩时胸壁随之起伏。因此，以膈肌运动为主的呼吸形式，被称为腹式呼吸；以肋间外肌运动为主的呼吸运动，被称为胸式呼吸。成人的呼吸一般都是混合式的。呼吸形式与年龄、生理状态、运动专项等因素有关。在运动训练时，要根据动作的特点灵活转变呼吸方式。

（4）运动与心率

心率是运动生理学中最常用而又简单易测的一项生理指标。在运动实践中，心率常用来反映运动强度和运动训练对人体的影响，此外，心率还用于运动员的自我监督或医务监督中。成年人静息时心率在 60 次/分～100 次/分，平均为 75 次/分，但随着年龄、性别、体能水平、训练水平和生理状况的不同，心率也会有所不同。

一般来说，人的心率会随着年龄的增长而有所减慢，青春期时接近成年人的频率。成年女性的心率比成年男性的心率快 3 次/分～5 次/分。有良好训练经历或体能较好者心率较慢，尤其是优秀耐力运动员静息时心率常在 50 次/分以下。在运动的过程中，人的心率会逐渐加快，随着运动强度的增加，心率也会相应地增快。因此，心率是判断运动训练负荷的一项简易的指标，能够在一定程度上反映运动员的体能水平及运动训练的水平。

（二）运动训练的原则

运动训练的原则是运动员参加运动训练需要遵循的基本准则。这些原则是在长期的运动训练实践中积累起来的具有普遍意义的概念总结和有关科学研究的成果，反映了运动训练的客观规律。运动训练中运动员如不遵循这些基本原则，盲目地训练，不仅不能促进身心全面发展，获得良好的训练效果，反而易引起运动损伤或者运动性疾病，损害健康。下面对运动训练的基本原则展开具体介绍：

1.竞技需要原则

竞技需要原则是指根据提高运动员竞技能力及运动成绩的需要，从实战出发，科学安排训练的阶段划分及训练的内容、方法、手段和负荷等因素的训练原则。贯彻这一原则可使训练更好地结合专项的特点和专项竞技比赛的需要，提高运动训练的专项针对性、实战性和实效性，使参与者获得满意的竞技比赛成绩。

贯彻竞技需要原则，需要注意以下几个方面：

第一，要围绕运动训练的基本目标，全面安排好训练和比赛。

第二，正确分析专项竞技能力的结构特点。每个运动专项的特异性，决定了其竞技能力构成因素的差异性。对不同专项竞技特点和运动员竞技能力结构特点的分析，正是确定不同项目训练负荷内容的重要基础。

第三，依据竞技需要原则的要求，选择负荷内容和手段时，需要由不同专项竞技能力的主要因素与运动员自身的具体情况共同决定。

第四，注意负荷内容的合理结构。在训练过程中，学生熟练掌握合理动作后，应将主要精力放在如何更有效地提高体能水平上，以获得更大的力量、更快的速度和更强的耐力。同时，对同一项目的不同运动员，还要根据运动员自身竞技能力的特点和对手的特点，安排好心理训练的内容和手段。

2.动机激励原则

所谓动机激励原则，指的是在运动员以个体为主的运动训练过程中，激励其培养良好的运动训练动机和行为，并且更加积极主动地从事运动训练的原则。在运动训练中，要通过各种合理的途径和方法激励运动员主动从事训练。

遵循动机激励原则就是要不断提高运动员的运动训练积极性和主动性，培养其自我调控能力、独立思考能力及创造能力。具体要求如下：

第一，教师要满足运动员的基本生活需求。实践证明，人只有在基本的物质条件得到一定的保障之后，才会产生更高层面的追求。所以，在运动训练中，运动员的物质生活需求应得到一定的保障，同时还要注意学生的人身安全等。只有这样，才能更好地引导学生形成实现自我价值的更高层次的目标和追求，才能产生良好的运动训练动机。

第二，教师要培养运动训练的目的性和运动员正确的价值观，使其逐步形成自觉从事运动训练的态度和动机；引导其从不同的角度和层次认识参与运动训练的意义和价值，培养其正确的价值观。

第三，在运动训练中，教师要以运动员为主体。这就要求教师在让运动员进行运动训练时，必须注意几方面：一是明确运动员的主体地位；二是要有意识地培养运动员独立思考的能力，三是要引导运动员提高和加强自我反馈的能力，培养运动员自我分析和评价的能力。

第四，在运动训练中，教师要选择科学的训练方式。对于简单、粗暴的"从严"训练方式，教师要在正确认识和理解"从严"含义的同时，结合现代科学合理的方式做出调整和改变。

3.适宜负荷原则

在训练过程中，要根据训练任务、对象水平与要求，科学合理地在各个训练环节中提高运动训练负荷量，直至达到最大负荷要求，这就是所谓的适宜负荷原则。因此，教师首先要以训练任务、对象水平，以及每个环节练习的目的、要求、负荷为主要依据，科学合理地安排运动训练负荷。其次，在训练过程中，教师要认识到，运动训练负荷要经过加大—适应—再加大—再适应的逐步提高的过程。

以球类运动训练为例，教师要想加大运动训练负荷，直至最大限度，首先要从训练任务和运动员身体状况、机体能力和训练水平出发，考虑运动训练负荷安排的合理性。训练过程的不同时期、周期、阶段及每一节训练课的任务都不同，运动员承受运动训练负荷的能力也不同，这主要反映在运动员承受负荷的能力和恢复的速度上，以及对负荷强度和负荷量的承受能力上。因此，只有根据训练的不同任务和运动员的训练水平安排运动训练负荷，才是合理的。同时，在运动训练过程中，运动训练负荷的加大必须循序渐进。在加大运动训练负荷过程中要处理好负荷量和负荷强度的关系，掌握好负荷与恢复的关系。除此之外，需要注意的是，运动训练负荷的增加必须达到极限。因为只有受到极限负荷的刺激，才能将运动员机体的机能潜力充分挖掘出来，再经过不断地训练形成超量恢复，才能提高运动员的身体素质和运动水平，达到参加激烈比赛、创造优异运动成绩的要求。

4.周期安排原则

周期安排原则是指周期性地组织运动训练过程的训练原则。依运动员机体的生物节奏变化规律、竞技状态形成与发展的周期性规律，以及运动竞赛安排的周期性特点，按一定的动态节奏，逐步提高安排训练内容和负荷量。

贯彻周期安排原则要掌握以下几点：

（1）掌握各种周期的序列结构

教师需要了解各种周期的时间构成及其应用范畴，在训练实践中，贯彻周期安排训练原则是一个必不可少的重要条件。

（2）选择适宜的周期类型

贯彻周期安排时，要考虑选择适宜的周期类型。例如，确定年度训练的安排时，考虑采用单周期、双周期，还是多周期；考虑第一周期的训练应该是加量周期、加强度周期，还是赛前训练周期。

（3）处理好决定训练周期时间的固定因素与可变因素的关系

周期安排原则的依据是人体竞技能力变化，以及学生为适应比赛条件而出现的周期性特征，其中，后者是决定训练周期时间的固定因素，而前者则是可变因素。竞技状态的发展过程是可以由人来控制的，学生完全可以经过训练，在特定的时间里表现出最佳的竞技状态。

（4）注意周期之间的衔接

把一个完整的训练过程划分成若干个较小的周期之后，人们往往会忽视各周期之间的衔接，主要表现在注重训练过程的阶段性而忽略连续性。在整个训练过程中，不同时间跨度的周期会组成一个连续发展的过程，因此在具体的训练过程中，应特别注意周期之间的衔接。

5.区别对待原则

区别对待原则是指在运动训练中，教师要根据运动员各方面条件、不同训练条件和不同训练任务等，有区别地确定训练任务，对训练方法、内容、手段和负荷有相应的安排。运动员在身体条件、心理品质和个性特征等方面都存在明显的差异，因此在训练中要始终遵循和贯彻区别对待的原则。贯彻区别对待原则，有利于发掘运动员的潜力，防止出现运动员在训练中脱离整体的现象。只有正确地区别对待,有的放矢地训练,才能取得良好的训练效果。

6.直观训练原则

直观训练原则是一种非常重要的运动训练原则,它依据直观性与动作技能所形成的教学论原理,确立大学生运动员必须遵循的准则。其主要目的是使这些大学生运动员能更有效地完成技术、战术和智力训练的任务。在教学过程中,直观性教学有很多种手段和方法,而且现代运动训练更加强调直观性原则的运用。

运动训练中,尤其是训练初期,遵循和突出教学训练的直观性十分重要。具体来说,应注意以下几点:

(1)合理地选用直观手段

教师在选用各种直观手段时,要注意选择那些目的性最强、最有成效的手段,必须明确所选的各直观训练手段的主要功能,并根据不同对象、不同运动项目和训练内容的特点,选择和应用有针对性的直观手段。

(2)根据运动员的个体特征选择直观手段

教师要选择和运用符合运动员个体特点及训练水平的直观手段。在训练时,对不同训练水平的运动员应采用不同的直观方法和手段,同时,还要注意采用不同的训练强度。

(3)在运动训练中,应先进行直接示范

教师应直接对运动员进行示范动作,当运动员达到一定的水平后,教师再采用观看录像、图解或直接观摩优秀运动员比赛等手段,清晰、准确、形象地为学生讲解动作要领。教师应观察、分析运动员技术动作,研究讨论后,启发学生积极地开展思维活动,并逐步找出体育运动的规律性。

(4)注意掌握与运用直观手段的时机和方法

不同年龄阶段的运动员,其感觉器官发育的敏感期也有所不同,教师应合理地选择和运用直观手段。例如,教师可用语言信号、固定的身体姿势或慢速动作,来加深运动员对空中的方位、肌肉用力情况的体会。

7.系统训练原则

在现代运动训练中,只有坚持系统训练,才能不断重复和巩固所要掌握的运动技能,才能完成运动技能的系统化积累。另外,这种多年的系统性训练是运动员在现代竞技运动中获得优异运动成绩所不可或缺的一环。多年的系统训练和周期性训练是贯彻系统性原则的重要手段。

8.适时恢复原则

适时恢复原则是指及时消除运动员在训练中所产生的疲劳，并通过生物适应过程产生超量恢复，提高机体能力的训练原则。在运动员疲劳达到一定程度时，教师应依照训练的统一计划，适时安排必要的恢复性训练，采取有效的恢复措施，帮助运动员的机体迅速得到充分的恢复和提高。

第二节　专项身体素质理论及训练方法

一、专项特征基础认知

（一）专项特征的定义与构成

专项特征是指一个运动项目在比赛规则的允许下，以获得最大的运动效率为目标，在力学、生物学等方面表现出的主要运动特点。

专项特征包括技战术（技术和战术的总称）、体能、心理和环境等方面，每一个方面又由不同的因素构成。从训练学的角度分析，竞技运动项目的特征包括三个不同的层次，即一般特征、项群特征和专项特征。三个不同层次的项目特征在范围上并没有质的区别，其主要差别在于对项目特征解释和描述的程度上。其中，项群是指具有共同或相似技术基础，并表现出类似训练特征的运动项目组合。如体操、游泳等主要依赖运动员的技术和技能表现的，被称为技能主导类项群；如田径、举重等主要依赖运动员的体能表现的，被称为体能主导类项群。

项目间的差异，并不会体现在所有项目的特征上，如技战术、体能及心理等，尤其是对于同一属性的运动项目来说，它们的差异可能更多地集中于某一个项目特征中。

（二）专项特征的确定

因为各运动项目的性质可以从各个不同的方面和角度去确定，而且根据不同的标准，同一个项目的性质可以产生多重性，所以要想确定一项运动的特征，需要找出它区别于其他项目的特别显著的标志。在训练中，人们通常从以下四个方面来确定运动项目的特征：

1.各运动项目比赛规则规定取胜的主要因素

以竞技体操为例，我国体操界广大教练员、科研人员和运动员通过多年的探索，多数认为竞技体操项目的显著特征是"难、新、美、稳"，这是竞技体操比赛规则规定的取胜的主要因素。因此，高校体育教师需要分析各运动项目的特征，找出比赛规则规定取胜的主要因素。

2.运动项目的主要供能系统

在体能类项目中，人们经常以主要供能系统来确定项目的特征。例如，田径 100 米跑的主要特征是 ATP 供能，因此，在训练中提高运动员的无氧代谢能力，提高运动员的速度是最为重要的。

3.运动项目的技术结构和主要环节

任何一个运动项目的动作技术都有其特殊性，具有不同的技术结构和主要环节。

动作技术的结构主要指动作是由哪些部分构成的；动作技术的主要环节是指在构成动作技术的若干部分中，对完成动作、决定成绩最具影响的部分。

4.运动项目对运动素质的特殊要求

以举重项目为例，若仅仅依照运动素质的特殊要求就确定其是力量性项目，这并非十分严谨。因为从比赛动作抓举和挺举两项来说，它需要的力量是全身协调用力的速度性力量，即爆发力量，而不是单纯的最大力量，这也是该项目比赛动作技术对运动素质的特殊要求。

（三）专项特征研究的发展趋势

对专项特征的认识是一个逐步深入的过程，这一过程不仅取决于教练员自身的认识能力，而且在相当大的程度上，依赖科学技术和研究方法的发展。新理论的出现可以为项目特征的认识开辟新的视角，新技术和新方法的问世能够加深认识程度。当前，在专项特征的认识上出现以下几方面的发展动向和趋势：

1.由宏观向微观的发展

从运动训练的角度分析，任何一个运动项目的特征都有一般与专项、宏观与微观之分。宏观的项目特征是从项群共性的角度把握训练的方向；微观的项目特征则是从一个专项的角度指导运动员的训练。如果错误地将项群特征视为本项目的专项运动特征，就不能准确地给运动项目定位，对项目的了解始终处于模糊的水平，甚至会失去训练的方向。

诚然，任何一个事物的发展都需要宏观和微观的指导。宏观的理论可以透过复杂多变的因素把握发展的方向；微观的认识可以调整和操作具体的方法和措施。从竞技训练的角度分析，运动训练的整体发展或某一类项目的发展确实需要宏观理论的指导，但是对于一个具体运动项目的训练来说，人们急需对项目的运动特征和训练规律进行微观、具体和有针对性的了解和认识，从众多细节中提取出专项的特征。只有这样，才能够真正为专项训练提供有价值的信息，促进专项运动水平的迅速提高。

专项特征绝不能只停留在宏观的认识程度，而应该深入专项之中，从多个角度和层面解析专项的特点，提炼出能够反映专项运动本质的规律，这样才可以准确把握专项训练的脉络，提高训练效率。

2.由外在到内在的发展

对项目特征的认识不能仅停留在专项运动的外在形式上，而必须深入神经与肌肉的内在运动水平。运动项目的外在特征只能反映运动的结果，而造成这种结果的原因主要在于机体的运动系统和能量供应系统，肌肉在神经支配下的收缩，以及在收缩过程中对能量的需求。在运动训练中，只有深入了解神经肌肉系统的工作情况，才可能选择正确和有效的训练方法；只有充分掌握运动过程中能量代谢系统的运转规律，才能够制定出符合专项特点的训练负荷。

对内在专项特征细节的了解和掌握，有助于提高运动训练的针对性和有效性。了解不同肌肉在专项运动中的参与程度和工作方式，可以帮助学生制订出有针对性的力量训练计划；掌握不同供能系统对专项运动不同的支持作用，以及它们之间的关系，可以提高学生耐力训练的效率；了解不同供能系统恢复特点，能够帮助教师把握和控制训练的负荷。

对专项内在特征的深入认识，是提高专项训练效率的重要条件。与外在运动形式不同，要想把握内在专项特征，需要教师在神经和肌肉的工作方式、用力程度的层面上，解决训练的专项化问题。因此，对专项内在特征的认识程度在很大程度上代表着竞技运动训练的科学化水平。

3.由静态到动态的发展

专项运动的时间或距离是专项的重要特征，它从总体上反映了专项的运动特点，是运动员和教练员制订训练计划的主要依据。时间、距离等指标是对专项特征的总体描述，是专项运动的结果，从运动分析的角度来看，结果并不等同于过程。结果是过程的集合和终点，过程是结果的内容和原因；结果是静止固化的，过程是动态可变的。在运动的过程中，无论是外在的速度、角度和节奏，还是内在的肌肉收缩和能量供应，都随着运动时间的持续而变化。因此，与结果相比，运动过程包含的信息量更加全面，反映的问题更加深入。对专项特征的理解和认识，应该更加重视运动的过程，从过程的动态变化中深入和详细地了解项目的运动特征。

专项特征动态描述的另一个作用，体现在教师和学生对专项运动技术过程的全面了解上。以往人们在对专项技术特征进行描述时，容易忽视体能的存在，而是分析专项主要技术环节的运动学或动力学标准特征。然而，这种标准的"最佳技术模式"并不能全面和真实地涵盖整个专项运动过程中技术的变化。对于几乎所有的运动项目来说，运动员都不可能始终以同样的技术动作完成比赛，运动员随着体力的消耗，自身的运动技术必然发生改变，这种改变在很大程度上反映了专项能力的水平。

从整体上来看，负荷时间和强度是各个竞技运动项目都具有的共性要素，在比赛距离或时间相对固定的情况下，取胜的关键主要集中在速度和保持速度的能力上。在这个过程中，运动员的机体能力势必影响专项技术的发挥，体能与技术之间的相互影响和作用始终贯穿整个专项比赛的过程中，技术与体能的这一互动关系在很大程度上同样应归属于专项技术特征的范畴。

二、体能与专项能力

（一）体能

体能是运动员竞技能力的重要组成部分，也是运动技能表现的必要条件。科学合理的体能训练，能够提高运动员的竞技能力，改善运动员的身体形态，使运动员更加适应专项运动和技术的需要，从而达到提高运动水平的效果。同时，加强体能训练对提高运动员预防伤病的能力和恢复能力也有积极意义。毫无疑问，体能训练越来越得到教练员的高度重视。体能训练研究也成为目前国内体育科研的热点，成为众多运动训练学专家所关注的焦点。

1.体能相关概念辨析

人们经常见到一些和体能相似的词，如体力、运动能力、体质、运动素质等。其实，这些词的概念与体能的概念有很大的不同，如果不清楚它们之间的区别，就无法深入研究相关的理论问题。

（1）体能与体力的区别

体力，是人体在活动时所付出的力量。一般理解为机体整体的抗疲劳能力，它是体能的重要组成部分之一。体力是与耐力有密切的联系，但它又不完全等同于耐力。人们经常谈到的体力，一般是指身体整体的耐力。

体能与体力的主要区别在于两方面：一方面，体能在内涵上与体力不同，体能指的是运动员运动能力与对环境适应能力的结合体；另一方面，体能在外延上要大于体力，体力涉及的身体抗疲劳能力仅是其适应运动需要的能力之一。

（2）体能和运动能力的区别

运动能力是身体在运动中表现的活动能力，包括一般活动能力和竞技运动能力。

体能与运动能力的区别，主要表现在概念的层次关系上，体能是运动能力的上位概念，也就是说，体能包括运动能力，它比运动能力涉及的内容要多，如体能还包括运动员对比赛环境的适应能力。

（3）体能与体质的区别

体质是指人体的健康水平和对外界的适应能力，是在遗传性和获得性基础上表现出来的包含人体形态结构、生理功能和心理因素的综合的、相对稳定的特征。具体如下：

第一，身体的发育水平，包括体格、体型、体姿、营养状况和身体成分等方面。

第二，身体的功能水平，包括机体的新陈代谢状况和各器官、系统的效能等。

第三，身体的素质及运动能力水平，包括速度、力量、耐力、灵敏度、协调性，以及走、跑、跳、投和攀登等身体基本活动能力。

第四，心理的发育水平，包括智力、情感、行为、感知觉、个性、性格和意志等。

第五，适应能力，包括对自然环境、社会环境及应激原的抵抗能力等。

体质侧重于先天遗传表现出来的基础的生理和形态结构，是一种比较稳定的、先天性的基本的身体素质和内在心理倾向，也是一种在静态中表现出来的机能的特质。

体能是体质的下位概念，即体质包含体能。体能是体质的一个主要方面，是体质的前提和基础，是体质在一定范围的延伸。体能侧重于运动员的运动能力和运动适应能力，是有机体各器官、系统的机能在肌肉活动中的反映，是人体机能在动态中表现出来的特质。

在评价方式方面，体质好坏，用一个精确的"标准"是不可能完成的；而体能是生理机能的外在表现，是身体物质做功的能力，体能水平的高低可以用速度、力量、耐力和灵敏度等作为计量指标。在运用方面，体能主要应用于运动训练研究实践中，而体质则侧重应用于遗传和医学等方面。

（4）体能与运动素质的区别

运动素质是体能的外在表现，是体能的构成因素之一，属体能的下位概念，也是运动实践中评价和检查体能水平的常用指标。体能与运动素质既有联系，又有区别。运动素质是指运动员所具备的力量、耐力和柔韧性等。

体能概念涵盖的内容更广，既包括运动素质，又包括运动员对比赛环境的适应能力。所以，在专项训练中，体能训练是教师从整体、全局的角度，运用各种有效的训练手段和方法，提高运动员的专项运动能力和对比赛环境的适应能力，使运动员的身体形态、机能水平和运动素质在同一个体中实现最优配置，达到提高竞技能力的目的；而运动素质训练主要偏重于速度、力量、耐力和柔韧性等能力的提高。

2.体能特点

至今，体能训练已成为各个运动项目竞技能力训练的主要内容，但由于不同教师对体能本质特征的认识存在差异，体能训练效果也不尽相同。所以，揭示体能训练特点很有必要。体能的特点归纳起来为特异性、时间局限性和不均衡性。

（1）体能的特异性

体能的特异性，又被称为专项性。从不同运动项目中挑选相同年龄阶段的运动员进入实验室，测定最大吸氧量和最大氧债值，所得数据较为一致，但若再用专项负荷进行测验就可发现，其结果与实验室资料差异很大。这说明体能存在着特异性，即专项性的特点。

（2）体能的时间局限性

某一种体能水平只能保持相应的时间，这就是体能的时间局限性。体能的产生过程是运动员有机体的适应过程，任何适应过程都存在着两种适应性反应：一是急性但不稳定的，二是长久且相对稳定的。急性适应性反应产生的体能，取决于刺激的大小、训练水平及其机能系统的恢复能力。由专项强化训练所获得的体能虽然目的很明确，但并不表示有极大的稳定性。因为这种适应性反应是通过高强度的专项负荷产生的，是以超量恢复为表现特征的，并不建立在生物学的形态改造上，这就导致体能存在着时间局限性。虽然相对稳定的适应性反应是建立在各器官、系统的形态改变基础上，但是各运动专项的特点是随着专项成绩水平的提高而变化的。即使学生在某一时期已形成较为稳定的体能，但随着专项特点的改变，原有的体能将不再能满足未来专项特点的需要，因此体能表现出时间局限性。

（3）体能的不均衡性

体能的不均衡性表现为已获得的体能不可能在较长时间的工作过程中维持同一水平，因为任何肌肉活动都是依靠机体的能量供应系统来保持工作的。能量供应系统存在着无氧系统和有氧系统。无氧系统与有氧系统工作时，机制迥异，动员的器官系统也不相同。虽然这一工作过程发生在同一机体上，但相互之间有着一定的独立性。无氧系统与有氧系统在维持较长时间的工作时，虽然有主导供能系统支撑工作，但还是要依靠互相的交替和补充。这时，各供能系统之间存在"衔接"的问题。由于每个供能系统的发展并不完全一致，并不整齐划一，因此必然会产生总能量供给的波动状态。

3.影响体能发展水平的主要因素

（1）形态结构对体能的影响

人体的形态结构影响体能发展水平的高低。

通过发展肌肉的力量练习，运动员的肌肉横断面增大了，肌肉重量体积增加，运动员体重增加了，形体发生了变化。例如，在投掷运动中，运动员动作过程中的动量增加了。在动作速度、动作技术等基本条件不变的情况下，人体动量增加，器械出手时的速度就会增加，器械就能飞行更长的距离。又如，在足球、篮球等项目中，运动员肌肉体重的增加，也增加了在同等动作速度条件下的动量，提高了在短兵相接时的对抗能力，包括合理冲撞能力。关节、韧带包括形体等形态结构，通过训练发生了有利于支撑能力的变化和提高，直接提高了支撑能力。通过训练，举重运动员肩关节、肘关节在额状面和矢状面内发生了能够充分伸直的变化，这样就能减少直臂支撑杠铃时的水平分力，增加向上支撑杠铃时的垂直分力，提高运动员支撑杠铃时的力量。通过训练，运动员的"O"形或"X"形腿也能有所改变，训练还能提高人体由下蹲状态向上起立时的负重能力。

在训练运动员心脏的心室或心房的肌肉时，可能出现运动性增厚、肺脏呼吸肌增加等情况，这些形态结构的变化，导致心脏每搏血液输出量增加，尤其是承担最大运动负荷时，心脏血液最大输出量增加，这有利于人体承受最大运动负荷时，氧气和营养物质的供应、代谢物质的还原和消除等机能能力的提高，从而有利于体能的提高。

（2）人体的机能能力对体能的影响

人体的机能能力包括承担负荷量的能力、承担负荷强度的能力、承担总负荷的能力、恢复能力、适应能力、免疫能力和体能的动员发挥能力等，这些能力的大小直接影响体能的大小。

恢复能力，尤其是以大强度为主的负荷训练后的恢复能力，是近代运动训练中越来越重视的主要训练指标之一，提高恢复能力是非常重要的研究课题之一。这是因为恢复能力直接决定体能和竞技能力提高的幅度、速度及最终达到的高度。大负荷刺激后，身体产生不适应反应，恢复能力强的运动员产生新的训练适应的能力就强，可塑性就大，包括体能在内的各项竞技能力提高得就快。

适应能力、免疫能力也是对体能的高低起决定性影响的因素之一。该能力的稳定提高对体能的提高和发挥都起着保证和促进作用。对训练负荷、训练比赛等体内外环境适应性差的，对流行疾病免疫力低的运动员，体能的稳定性必然差，训练的系统性必然缺乏必要的保证。

体能的动员发挥能力也是体能的重要组成部分之一。体能水平基本相同的两名运动员，谁的动员发挥能力强，谁就能获胜，这也是比赛中最普遍的现象。

（3）心理能力、技能等竞技能力因素对体能的影响

在运动训练和比赛中，运动员的体能不但与形态结构、机能能力、运动素质等因素直接相关，而且与把这些可能性和潜力充分协调组合、充分发挥表现出来的心理能力，技能水平，甚至是战术能力等竞技能力密切相关。

在各个运动项目中，尤其是在体能类运动项目中，经常能见到一些运动能力和形态结构较好的运动员，由于承受心理压力和抗外部干扰能力较弱，或动作技术不尽合理，不够稳定，造成体能或其潜力得不到应有的发挥，运动成绩往往还不如一些体能及其潜力与自己基本相同、基本相近，甚至稍低，而心理素质和技术水平发挥较好的对手。

运动员必须具有相应的心理能力和技能，才能发挥一定的体能水平或潜力，才能形成竞技能力中的体能优势。因此，在体能训练中，不但要切实抓好体能组成部分的训练，而且还要认真改善和提高心理能力、技能水平。

（4）心理适应能力对体能的影响

就身体本身而言，体能具有贮备性和潜在性。如果主观不情愿或客观受限制，则体能不能得以展现和发挥。决定体能发挥的心理因素较多，主要包括以下几个方面：

第一，主观能动性。人从主观上可以调控自身能力释放的总量和强度，因此思维指令是决定体育发挥的关键因素。

第二，神经中枢的兴奋状态。精神振奋与萎靡不振势必有截然相反的体能表现。

第三，意志品质等心理特征。施展体能是一种耗费体力的过程，在许多情况下是一种艰难甚至是痛苦的生理过程，其中意志品质的作用是相当重要的。

第四，对变化的外界环境的适应能力。外界环境的变化，势必影响机体的应答反应。体内的这些变化，会连锁地影响体能的发挥，适应能力强的人，机体调节快，则能应答自如，宛若平常。

（二）专项能力

专项能力与运动员专项运动紧密相关，它是能直接促进专项成绩提高的一种特殊能力。对运动员而言，其竞技能力的充分发挥，主要依靠对运动成绩具有决定性作用的专项能力的强化训练，挖掘其体能和技术的潜力，这样才能有效促进运动成绩的快速提高。专项能力训练的目的是根据运动员现有条件，将个人身体素质转化为专项竞技所需的能力。不但练习内容要依运动员训练水平、技术状况、训练时期、年龄及生理、心理特点而定，而且动作时机、速度、顺序、路线、幅度及身体姿势等时间和空间特征也应尽量接近于比赛技术动作，或尽可能满足专项竞技和比赛的需要。因此，专项能力训练是将运动员身体机能和身体素质转化为专项实战能力的重要途径，在实践中往往是取得高水平运动成绩，进一步突破自我的关键环节。

1.专项能力的定义

一个未受过竞技运动专业系统训练的人，也许同样具备很好的肌肉力量，但是他在任何一个运动项目的比赛中都不可能达到高水平，其原因就在于他拥有的力量不是专项所需的力量，他的专项能力达不到专项运动员的水平。

专项能力指运动员在特定专项领域所具备的竞技能力，同时也是提高专项训练水平和专项运动成绩的最直接的竞技能力。专项能力主要包括专项运动素质、专项运动技术、专项战术意识和战术能力、专项心理品质及专项运动智能。专项能力的高低直接决定着专项训练水平和专项运动成绩的好坏，专项能力的提高必须通过长期系统的训练才能实现。

2.专项能力的训练

运动员在各个项目的训练过程中，必须处理好专项能力与一般能力的发展关系，合理安排好两种能力训练的内容和训练时间的比重。在多年训练过程中，随着训练水平的提高，专项能力的训练应逐渐占主导地位。

（1）强化"专项"在训练中的核心位置

在运动员多年训练过程中，一般能力和专项能力的发展在比例上并不是等同和不变的，而是随着年龄的增长、专项成绩的提高而不断地发生变化。一般来说，在基础和初级训练阶段，一般能力的训练占有重要位置，而随着年龄的增长和运动成绩的提高，专项能力的训练比例逐渐增加，直至在进入高水平训练阶段后，成为训练的核心。

在过去的训练过程中，人们过于强调训练的"多样化原则"，在运动员进入高水平训练阶段后，仍然采用大量分解和局部的训练手段，负荷发展运动员的专项能力。在这一训练思想的指导下，恰恰忽视了专项本身作为一种专项训练手段，对专项能力发展的作用，没有认识到完整的专项练习是集机体各种不同能力于一身，从生理、心理到技战术等多方面对机体构成最全面和最适宜刺激的训练手段，从而致使以突出整体和综合性为主要特征的专项能力得不到有效的发展。

专项训练旨在强化"专项"在训练中的核心位置，以提高专项成绩作为训练的最终目标，从运动训练的生物适应理论出发，最大限度调动和发挥机体的专项潜能，在科学训练思想的指导下，强调和突出不同运动能力的协作和整体发展。

另外，体能类项目的特点也决定了"专项"在训练中的核心作用。当运动员进入高水平训练阶段之后，要想进一步提高运动成绩，很大程度上需要依靠体能的改善，才能得以实现。分解和局部的训练在训练负荷上难以达到"专项"的训练效果，显然无法有效地提高专项能力。但是，我国部分体能类项目的训练表明，完整的专项练习手段作为专项训练的核心内容，无论是在理论认识上，还是在训练实际中，均处于滞后状态。它导致我国相当一部分高水平运动员尽管拥有出色的身体素质条件，却无法在专项技术中得到充分展现。

（2）进行接近完整技术和完整技术的分项练习

对于完整和高强度专项练习的训练，体力与神经能量消耗大、恢复慢，所以，在训练中反复次数不能多，课次也不能密集，在整个训练过程中所占比例要恰当。因此，在训练中还应采用接近完整技术和完整技术的分项练习。

在将专项作为发展训练能力的重要手段的同时，还必须注意到训练的负荷，尤其是强度。强调完整的专项训练并不意味着盲目增加训练的强度，过高的训练强度并不能解决专项训练水平问题，甚至还可能妨碍专项能力的发展。运动员在长期大且低强度的训练中很难获得突出的、接近比赛强度的刺激。

（3）提高训练强度

传统的周期训练理论曾对运动训练产生过较大的影响，但已不能完全适用于现代高水平竞技体育研究。在旧的训练模式的指导下，一些教师片面地理解训练"量"与"质"的关系，机械地认为数量的堆积是获得训练质量的前提，简单地将由训练量引起的机体疲劳作为衡量训练效果的指标。这种以"量"为主构成的训练，即使是运用了非常专项化的训练手段，也不可能提高训练的强度。运动成绩的提高，取决于多方面的因素，其中训练质量对训练的效果起着至关重要的作用。训练的质量取决于训练的强度、完成专项技术和练习动作的正确性及练习的密度和数量等。训练目标不明确、重点不突出、针对性不强的低强度训练，难以使运动员的专项能力提高。运动训练实践已经证明，随着运动员竞技水平的提高，机体各器官、系统的功能及它们之间的协作不仅达到了相当高的水平，而且日趋逼近生理机能的极限。

运动员进入高水平训练阶段的一个主要特征为竞技能力的"可塑空间"逐渐减小，专项成绩的提高速度日趋缓慢，它导致运动员对训练手段和负荷的要求显著增强。在这种情况下，低强度大负荷训练不利于专项水平的提高，有一定强度要求的训练才能帮助运动员保持稳定状态，在比赛中发挥水平。

（4）根据"从实战出发"的原则安排训练

从实战出发，就是要将比赛场的残酷性、对抗强度、比赛压力体现在训练中。

第一，掌握项目特点和规律。运动项目的特点是建立科学指导思想的根本，是科学设计训练方法的源泉，是制订科学训练计划的指南。因此在实践中，只有切实了解和掌握运动项目的特点，才能做好优秀运动员的专项能力训练，否则一切都是空谈。对运动项目的规律和特点有了本质的认识，专项运动能力训练的方向才不会出现偏差，运动员的成绩才会大幅提高。项目的特点不是一成不变的，随着比赛规则的变化、运动水平的提高、在训练中对专项的理解变化，专项训练的方法和手段也应发生相应的变化。

第二，重视训练与比赛的一致性。从实战出发就是从比赛的实际需要出发，这是专项训练与比赛一致性的具体体现和要求。从实战出发要求运动员在训练中，使用与比赛时相同的、完整的、高强度的专项训练手段。完整和高强度的专项训练对于高水平运动员尤其重要。运动员进入高水平训练阶段后，各项身体素质及它们之间的协作已经达到很高水平，某一局部运动能力的改善不仅很难使专项成绩得到提高，有时还会影响整体的发展。此时只有运用完整且高强度的专项练习手段，才能在更加接近实际比赛的环境下，充分挖掘那些与专项密切相关的器官和系统的潜力，从整体上促使不同素质之间、各种素质与技术之间，以及心理、环境等因素与技战术的发挥之间的协作更加均衡和稳定。

第三，坚持从难、从严要求。从实战出发，在进行专项能力训练时要从难、从严进行。从实战出发的"难"就是强调专项能力训练的针对性和高质量；从实战出发的"严"是要突出专项的特点。从难和从严的训练，要求训练必须有针对性，根据实战需要，从实际出发，结合运动员的个体特点，进行有针对性的训练。

第四，注重心理和智力的培养。对优秀运动员的培养，不仅包括加强对其体能和技术的训练，更重要的是加强对其心理和智力的训练。例如，根据运动员的心理与智力特征，坚持从实战出发，塑造其优秀的心理素质。在实战训练中，要打破以"体力投入为主"的单一训练模式，向身心并重、技能合一的方向转化和发展。在实践中，有些运动员在大赛中因心理失衡而导致失败，其实这就是平时训练中不注重内在质量的结果。

三、专项身体素质训练方法

（一）专项力量

1.专项力量概念的界定

（1）不同项目对力量的不同要求

在界定"专项力量"时，必须弄清不同项目对力量的不同要求。分析几个典型项目的用力特点可以发现，这些要求主要体现在以下方面：

第一，在不同的运动项目中，由于专项动作用力时的起始速度要求不同，最终将导致不同专项运动员的力量产生差异。

第二，由于不同的项目对肌肉用力的持续时间要求不同，导致对运动员的肌纤维成分、用力时的供能系统，以及最大力量和快速力量的要求不同。

第三，在肌肉用力的目的相似时，用力收缩方式稍有不同，会对力的效果产生重大的影响。

第四，在动作结构相似的条件下，如果用力方向的要求不同，对运动员的用力要求也是不同的。

第五，在动作结构相似的条件下，如果克服的恒定外界阻力不同，对肌肉力量的要求也会不同。

第六，不同的项目，产生反作用力的物质材料的性能不同，对肌肉用力的要求不同。

第七，即使动作的结构相近，不同项目的战术也会有不同的要求，因此造成肌肉力量的特点也不同。

不同项目对力量的不同要求中，上述第一点至第四点都指明了不同专项的运动员其肌肉收缩用力在时间和空间上的区别，这些区别又是由于运动员在比赛规则的要求下，为了最大限度地挖掘力量潜力所采用的技术造成的。第五点和第六点的恒定外界阻力及产生反作用力的物质材料，虽然是由规则规定，但这种规则上的限制，决定了运动员采用哪种技术。第七点则指明了战术对力量特点的影响。

总之，不同项目运动员的力量特点，主要是由该运动员比赛动作的技术和战术在时间和空间上对肌肉用力的要求来决定的。

（2）对专项力量的认识

对"专项力量"较为准确的解释是，在运动员比赛动作技术和战术所要求的时空条件下，人体参与运动的肌肉或肌群收缩克服阻力的能力。由于这种肌肉的能力最终表现为运动员在该项目的比赛中，为了获得比赛的优胜，在符合规则的条件下，对人的整体或某一部分进行最大限度的加速或减速，或使它们保持在一个特定的位置上，因此，运动员所克服的阻力、运动员控制器械的速度大小或速度变化大小，以及位移大小和姿势的准确与否，都可用来考查运动员在专项力量上的水平。特别注意，"时空条件"应该包括肌肉收缩时的速度大小、收缩开始前需要改变状态的物体的初速度、肌肉用力的持续时间和肌肉收缩形式。另外，技术是一种理想的"模式"，反映的是一般规律，具有共性；但教师又必须考虑运动员个人的特点，因此技术还具有个性。同时，技术具有相对性，它随实践的发展而发展，始终处于一个动态的过程中。在理解战术要求时，要特别注意，由于要贯彻战术意图，运动员的心理动向将对比赛动作产生影响。

2.专项力量训练机理

专项力量是指在运动员比赛动作技战术所要求的时空条件下，人体参与运动的肌肉或肌群收缩克服阻力的能力。专项力量训练的目的就是运动员通过专门的肌肉力量训练，适应和提高相关的神经肌肉系统。

运动员可以通过神经和肌肉两条途径来适应神经肌肉系统训练。根据训练计划的特征，爆发力在肌肉力量发展时，会因去适应其他力量的特征而导致下降。比如，用完成很慢的大负荷抗阻力练习来提高运动员的最大力量时，就可能导致肌肉快速力量和快速收缩能力的下降。因此，首先要确定目标运动的专项化神经肌肉特征，再去安排用以提高专项力量的各种抗阻力练习。

（二）专项速度

1.专项速度训练机理

专项速度训练的目的，就是针对不同的专项，采取专门的反应速度训练、动作速度训练、位移速度训练等方式，使运动员相关的神经肌肉系统引起专项化的适应和提高。专项速度的生理、生化基础表现为以下几点：

（1）专项反应速度

反应速度的快慢取决于兴奋通过反射弧所需要的时间，即反应时的长短。在构成反射弧的环节中，传入和传出神经的传导速度基本上是固定的。所以，反应时的长短主要取决于感受器的敏感程度、中枢延搁和效应器的兴奋性。其中，中枢延搁又是最重要的，反射活动越复杂，历经的突触越多，反应时越长。

（2）专项动作速度

第一，肌纤维类型的百分组成及其面积。肌肉中快肌纤维百分比越高、快肌纤维越粗，肌肉收缩速度则越快。

第二，肌组织的兴奋性。肌组织兴奋性高时，强度较低且时间短的刺激强度就可以引起组织的兴奋。

第三，条件反射的巩固程度。在完成动作的过程中，动作技术越熟练，动作速度也就越快。

（3）专项位移速度

以跑步为例，位移速度主要取决于步长和步频两个因素及其协调关系。步长主要取决于肌力的大小、肢体的长度，以及髋关节灵活性和韧带的柔韧性；而步频主要取决于大脑皮质运动中枢的灵活性、各中枢间的协调性、快肌纤维的百分比及其肥大程度。神经过程的灵活性好，兴奋与抑制转换速度快，是肢体动作迅速交替的前提。各肌群间协调关系的改善，可以减少因对抗肌群紧张而产生的阻力，有利于更好地发挥速度。所以在周期性的项目中，肌肉的放松能力的改善，也是提高速度的一个重要因素。

2.专项速度的特点

区别于一般速度，专项速度按不同的表现形式，可分为专项反应速度、专项动作速度及专项位移速度。运动员在大多数运动项目中所表现出来的专项速度，都是这三种表现形式的综合体现，但在不同项目中，专项速度的三种类型各自占的比重有所不同，通常不会单独出现，而是在不同的专项中，表现出各自不同的需求。

运动员专项速度的发展水平对其总体竞技能力有着重要影响。竞技技术动作大多要求快速完成，良好的专项速度有助于运动员更好地掌握合理而有效的运动技巧，肌肉快速地收缩能够产生更大的力量，高度发展的专项速度又为速度耐力、专项耐力的发展提供了更大的空间。在不同的运动项目中，专项速度有着重要作用。对体能主导类的速度性竞技项目，专项速度水平直接决定着运动成绩的好坏；对耐力性项目，高度发展的专项速度有助于运动员以更高的平均速度通过全程；对技能主导类项目，时间上的优势可以转化为空间上的优势，如体操、跳水等项目选手可以获得更大的可能性，去完成难度更高的复杂技巧，又如球类及格斗项目选手可以获得更多得分的机会。

3.专项速度训练

依据项群理论，以运动项目所需运动能力的主导因素为基准，将竞技项目分为体能主导类、技能主导类、技心能主导类和技战能主导类四大类。继而以各项体能或技能的主要表现形式或特征作为二级分类标准，把体能主导类项目分为快速力量性、速度性及耐力性三个亚类；技能主导类即为表现难美性项群；技心能主导类即为表现准确性项群；技战能主导类则分成隔网对抗性、同场对抗性、格斗对抗性及轮换攻防对抗性四个亚类。发展不同类项群专项速度的要求是不同的。

（1）体能主导类

第一，体能主导类快速力量性项群专项速度训练包括跳跃、投掷、举重等。该类项目对专项速度的要求主要表现为专项动作速度和专项位移速度。以跳高为例，对其专项速度的训练，主要围绕提高运动员动作速度和位移速度进行。大脑皮质神经过程的灵活性是实现高频率动作的重要因素，因此，做高频率动作的重复练习有助于其发展，如跳深、连续跨步跳、原地跳、沙坑跳、跳绳、短距离极限跳、立定三级跳、连续单足跳等。每天训练课跳 150 次～300 次，每组重复 1 次～5 次，训练负荷采用自身最大速度的90 %～95%。在专项速度练习之后，放松训练，提高肌肉的放松能力。

第二，体能主导类速度性项群专项速度训练包括 100 米跑、100 米游泳、500 米自行车等。这类项目对专项速度的要求主要表现为专项反应速度、专项动作速度和专项位移速度三种速度的有机整合。以 100 米跑提高反应时的练习为例。通过反复发出各种信号，刺激练习者迅速做出反应的信号刺激法练习，是实现缩短反应时间的重要手段，如反复进行听起跑口令或枪声起跑练习。此外，还应完善起跑技术，增加提高动作速率的训练项目。高频率动作的重复练习有助于其发展肌组织的兴奋性，如快速小步跑、快速高抬腿，或借助牵引跑、跑台、顺风跑等外力提高动作频率。发展磷酸原系统供能的能力，如多次重复 20 米～60 米的快跑、行进间 20 米～60 米快跑、追逐跑等。发展力量和柔韧性，如持哑铃重复摆臂练习、负重跑、阻力跑等。

第三，体能主导类耐力性项群专项速度训练包括中长距离及超长距离的走、跑、骑、游、滑、划等。这类项目是以速度耐力为主导的项目，对专项速度的要求主要表现为专项位移速度。以 1 500 米跑为例，在借助牵引跑、跑台、顺风跑等外力提高动作频率的练习的基础上进行持续训练，即在一定的速度基础上进行持续 1 分钟左右的练习。通过提高乳酸能供能能力来解决位移速度，尤其是最后 400 米冲刺的能力。提高肌肉的放松能力，如在长距离的跑动过程中，注意脚步与呼吸的节奏，摆臂放松，以避免过分紧张。肌肉的放松能力好坏对保持高速度起着重要作用。

（2）技能主导类

技能主导类包括体操、艺术体操、技巧、跳水等。这类项目对专项速度的要求主要表现为专项动作速度。以跳水为例，主要采用高频率动作的重复练习，有助于其专项速度的发展。第一，快速练习，如计时俯卧撑；第二，纵跳转体练习，如原地跳起转 360°或 720°练习，连续进行 10 次～20 次，要求转体要快速，连续 2 组～3 组；第三，快速翻转练习，如连续踺子接小翻、连续快速侧手翻；第四，快速哑铃练习，如持 1 千克重的轻哑铃，做快速头上双臂屈伸；第五，减少阻力法，可以利用一些增加助力的方法来减轻运动员体重，提高运动员的动作速度，目的是提高运动员高速运动的感觉能力，以帮助运动员提高完成某一技术环节的动作速度。提高速度力量是提高动作速度的重要基础。

（3）技心能主导类

技心能主导类包括移动靶射击、飞碟多向射击等。这类项目对专项速度的要求主要表现为专项反应速度和专项动作速度。以飞碟多向射击提高反应时的练习为例，教师多采用信号刺激法，通过反复发出信号刺激，让练习者迅速做出反应，是实现缩短反应时的重要手段。碟靶反复从碟沟中飞出，运动员及时判定飞行的方向，同时，身体及时、平稳地向碟靶的方向移动，捕捉目标，可提高动作速率的训练。通过反复的飞碟射击的练习，身体判定飞碟飞行方向及角度，运动员在极短的时间内，准确快速地捕捉到飞碟，及时扣动扳机，完成击发。

（4）技战能主导类

第一，隔网对抗性专项速度训练，包括乒乓球、羽毛球、网球、排球等。这类项目对专项速度的要求主要表现为专项反应速度、专项动作速度和专项位移速度三种速度的有机整合。以乒乓球为例，提高反应时的练习可采用信号刺激法，如多球快速练习、视觉反应练习。提高动作速率的训练可进行多球练习，加快供球的节奏和增大回球的难度等。提高灵敏度的训练可正确地、反复地练习技术动作，尤其是结合性技术动作，提高各种技术动作之间衔接和转换的协调性与节奏感。提高磷酸原系统和乳酸能供能系统的机能水平可利用重复训练法，把时间控制在 1 分半以内，两人快速对拉，提高肌肉的放松能力。

第二，同场对抗性专项速度训练，包括足球、手球、冰球、篮球等。这类项目对专项速度的要求主要表现为专项反应速度、专项动作速度和专项位移速度三种速度的有机整合。以足球为例，训练方法如下：

一是提高反应时的练习，可采用信号刺激法。例如，轻跳，听（看）教师击掌，快速转体 180°；队员站成四路纵队，人与人之间距离 3 米～5 米，教师站在队伍前面，队员按照教师口令和各种手势，全队做向前、向后、向左、向右快速度起动 2 米～3 米或原地转体 180° 等各种动作的变换练习。

二是提高动作速率的训练，可采用重复训练法。通过反复地在快速运动中完成两个或两个以上技术动作结合的练习，逐步提高运动员无球和有球技术动作的熟练程度，建立巩固的动力定型。大量采用田径运动中训练短跑运动员的训练方法，来提高足球运动员的跑速。多数运动员会采用 15 米～30 米各种不同开始姿势的快速冲刺跑。例如，后退四五步后立即向前冲刺 10 米；连续向前冲三步，再转身后退两三步，再向前冲三四步等方法。

第三，格斗对抗性专项速度训练，包括摔跤、柔道、散打、拳击等。这类项目对专项速度的要求主要表现为专项反应速度、专项动作速度和专项位移速度三种速度的有机整合。以拳击为例，训练方法如下：

一是提高反应时的练习，可采用信号刺激法，如相互摸肩练习，即两人相对分开站立，伺机拍击、触摸对方的肩部，且可相互躲避对方的拍击，看谁反应快，拍击次数多。

二是提高动作速率的训练，如"最高速度完成单个动作或组合拳法"的练习方式，在 15 秒～20 秒内，尽最大速度，尽可能多次快速地完成单个动作或组合拳法。

三是提高磷酸原系统和乳酸能供能系统的机能水平，可采用"最高速度完成单个动作或组合拳法"的练习方式。在较短的时间内，高强度、高密度的练习能较好地发展、提高磷酸原系统和乳酸能供能系统的机能水平。

四是提高肌肉的放松能力，运动员通过短距离的变速跑、变向跑、单脚跳、双脚跳、收腹跳和跨步跳等各种跑跳动作，重点发展踝关节和小腿三头肌的爆发力及弹性。

第四，轮换攻防对抗性专项速度训练，包括棒球、垒球、板球等。这类项目对专项速度的要求主要表现为专项反应速度、专项动作速度和专项位移速度三种速度的有机整合。以棒球为例，训练方法如下：

一是提高反应时的练习，可采用信号刺激法，如投球手以不同的速度，不同的角度反复投向击球手，让其挥棒击球。

二是提高动作速率的训练，在无球状态下，重复练习挥棒技术。

三是发展磷酸原系统供能的能力，可利用重复训练法。在对以上练习进行多次重复的同时，很好地发展了磷酸原系统供能的能力。

四是提高肌肉的放松能力，尤其是在挥棒前的等待期，过度的紧张会加速能量的消耗。挥棒的瞬间，拮抗肌的主动放松能提高挥棒的有效力量，从而提高专项动作速度。

（三）专项耐力

1.专项耐力的训练机理

人体的运动能力不可避免会受到自身形态结构、心理因素及环境条件的限制。要想在比赛中取得优异的运动成绩，运动员就必须在生理机能、技术水平和心理素质等方面获得最大的发展。在探讨训练机理之前，首先要明确影响专项耐力成绩的关键因素，在此基础上才能更好地探索合适而有效的训练方法。

影响耐力素质的因素有多种，这里主要从外周阻力因素、中枢阻力因素、心理阻力因素和遗传阻力因素四个方面对耐力成绩的影响因素进行研究。

（1）外周阻力因素

外周阻力因素与中枢阻力因素相对应，心肺功能、内环境的稳定性、肌纤维的类型及肌肉的横断面积，统称为外周阻力因素。根据物质转运理论，引入"转运系数"的概念来描述物质从一处运往另一处的能力。物质运输中某一环节的转运系数等于该环节中运输阻力的倒数。氧气的转运系数越大，则受到的阻力越小，氧气转运系数的大小主要取决于心肺功能的强弱。二氧化碳、乳酸及物质代谢的转运系数的大小决定了人体内环境稳态的维持，而内环境的稳定性是有机体正常运行的基础保障。同时人体体温的平衡也影响着内环境的稳定，机体总是调节产热率和散热率，使机体的产热量等于散热量，从而保持机体的平衡。耐力训练归根到底还是肌肉的运动，肌纤维的类型、肌纤维类型的百分比及肌肉的横断面积等都是影响耐力成绩的重要因素。由此可见，能量的供应、内环境的稳态、肌纤维类型及肌肉的横断面积都是影响耐力成绩的决定性因素。从项群的特点角度出发，外周阻力因素对体能类项群的影响占有较大比重，如体能类项群中的中长跑项目，运动员拥有强大的心肺功能和良好的内环境调节机制是获得优秀运动成绩的基本保障。

（2）中枢阻力因素

神经系统的专项性特征决定运动单位参与的数量与类型，而神经发放冲动的强度和发放模式决定了肌肉力量大小、递增率和持续时间。各中枢间兴奋和抑制的协调，使肌肉活动节律化、能量消耗节省化及吸氧量和需要量相对平衡化，从而能使运动员长时间保持运动。神经过程的相对稳定及各中枢之间的协调性是提高有氧能力的重要前提。提高脑细胞对酸性环境的耐受力是耐力训练过程中一个很重要的部分，只有保证信息处理中心和命令下达中心的正常工作，人体的其他功能才得以正常地运行，才能保证机体持续地运动。技战能类项群和技能类项群中的运动项目需要大强度的神经发放冲动和高频率的兴奋与抑制的相互转换，中枢阻力因素对于此类项目影响较大一些，同时中枢机制的耐酸性对于无氧运动项目同样非常重要，而对于一些射击类项目又需要神经的高度集中。

（3）心理阻力因素

影响成绩的除了身体的、技术的因素之外，心理阻力因素也起到决定性的作用。然而，心理训练往往没有被放在重要的位置上，这是目前运动训练过程中的一大缺憾。在高水平运动员的角逐中，最后决定胜负的关键因素往往是心理因素，所以心理训练应引起教练的高度重视。在长期艰苦的耐力训练过程中，个体的心理特征是运动员通过自觉的努力获得最佳身体训练效果的主要决定因素。坚强的意志品质还会促使运动员在面对肉体痛苦和精神挫折时，竭尽全力地拼搏。

（4）遗传阻力因素

从人类遗传学上看，耐力性项目的运动成绩与其他运动项目的成绩一样，是复杂的多因素的集合。研究发现，人的生理、心理及神经等的特性受遗传的影响较大，遗传因素在很大程度上决定着运动员的发展方向与发展潜能的大小。例如，白肌纤维含量多的运动员适合快速运动的项目，而红肌纤维多或血红蛋白含量高的运动员则适合耐力性运动项目。

从专项耐力影响因素的角度去分析耐力训练的训练机理，可以得出专项耐力的训练机理主要由几部分构成：提高心肺功能及能源储备、提高机体的耐受力、提高神经—肌肉系统的协调整合的能力，以及培养运动员坚强的意志品质和完备的心理素质。

2.专项耐力训练

（1）体能主导类快速力量性项群

此类项目对于专项耐力的要求主要表现为以最大强度重复完成完整比赛动作的能力，如田径项目、举重等。

此类项目适合采用重复训练法，这是以多次重复完成比赛动作或接近比赛要求的专项练习为主的训练方法。例如，在举重项目中，可以规定某一运动负荷，然后让运动员在此负荷下以标准动作尽可能多地重复完成，直至力竭。而在跳高耐力训练中，要求运动员在某一高度持续地、完整地完成跳跃练习。

（2）体能主导类速度性项群

此类项目对于专项耐力的要求是运动员尽可能地在最短的时间内通过全程，如 100 米跑、200 米跑、50 米自由泳、100 米自由泳与 100 米栏等。

此类项目采用的训练方法如下：

第一，间歇训练法。根据项目的特点及时间的要求，安排在一定的时间内重复若干组，组间有间歇休息时间，放慢节奏和速度。

第二，变速训练法。长短段落变速跑，分为多种训练方式，如快慢结合跑，200 米快+200 米慢+150 米快+150 米慢+100 米快+100 米慢+100 米冲刺跑，这样可以使运动员增强对比赛中速度和耐力结合的意识，体会如何在疲劳状态下进行高速运动。

第三，追逐性训练。例如，让运动员排成一纵队快跑前进，队尾最后一人急速追赶跑向队首，然后队尾的队员再连续地跑向队首。

第四，上下坡往返跑，即下坡时候快跑，上坡时候慢跑。

（3）体能主导类耐力性项群

此类项目对于专项耐力的要求是用尽可能快的平均速度通过全程，如 800 米以上径赛项目、公路自行车、铁人三项等。

此类项目采用的训练方法如下：

第一，持续训练法，这是一种负荷强度较低、负荷时间较长、练习过程并不中断的练习方法。持续训练法是为重点发展有氧代谢水平而提出的。该法强调一次负荷运动的持续时间较长，强度适中，心率负荷指标应在每分钟 130～160 次之间。例如，在铁人三项运动中，为了发展运动员的有氧耐力，运动员要在 10.5 小时内完成铁人三项比赛，每周至少要进行 11 000 米的游泳、320 000 米的自行车和 65 000 米的跑步训练来加强体能。

第二，高原训练法，此方法是在高原上训练耐力的一种手段。我国建立了中度高原训练基地，并把高原训练作为大赛前的重要训练手段，取得了显著的训练效果。中度高原空气密度只有海拔平面的 77 %，氧含量只有平原地区的 3 / 4 左右，氧分压大于平原地区的 20 %～25 %。当运动员在这样的环境下进行训练时，由于调节适应期产生应激，呼吸频率和心率加快，溶解在血管里的部分氧气受低气压的影响不易被身体吸收，使得血管体积增大、血管扩张、血管壁增厚、血管变粗，通过的血量增多，从而更好地锻炼了心血管系统，提高了最大摄氧量和血色素浓度，增强了耐受乳酸的能力。

（4）技能主导类表现难美性项群

此类项目对于专项耐力的要求是以最佳技术重复完成完整比赛动作的能力，如体操、艺术体操、跳水、花样滑冰、花样游泳等。

此类项目采用的训练方法如下：

第一，完整练习重复法包括规定练习动作套数的重复法和规定练习时间的重复法。规定练习动作套数的方法是指让运动员尽量以比赛规格的动作质量，完成某一数量的动作套数；而规定练习时间的重复法是指让运动员在规定的时间内，尽量以比赛规格的动作质量进行专项动作的练习。例如，在体操的训练中，可规定运动员一次性完成 5 遍～15 遍整套动作练习，或规定运动员在一定的时间内持续地练习某一套专项动作。

第二，分段练习重复法是指对整套动作中的某一技术环节的多次重复练习，如体操训练中原地连续侧空翻、前空翻、连续趋步踺子、踺子小翻等。

第三，间歇训练法，运动员训练时，心率可达 170 次/分～180 次/分，间歇一段时间，心率达 100 次/分～125 次/分时再进行训练，此种训练方法主要发展的是磷酸原供能系统。

（四）专项柔韧

1.概念界定和分类

从物理学的角度来看，柔韧素质是指物体在受力变形后，不易折断的性质。从解剖学的角度来分析，柔韧素质是指人体关节活动幅度的大小，以及跨过关节的韧带、肌腱、肉、皮肤及其他组织的弹性和伸展能力。它包括两个方面的含义：一个是关节活动幅度的大小，另一个是跨过关节的肌肉、肌腱、韧带等软组织的伸展性。关节的活动幅度主要取决于关节本身的解剖结构，跨过关节的肌肉、肌腱、韧带等软组织的伸展性，主要通过先天遗传和后天训练获得。因此，柔韧素质，就是人体通过先天遗传和后天训练获得的关节活动幅度的大小，以及关节周围软组织的伸展能力。

柔韧素质可以分为一般性柔韧和专门性柔韧两种。一般性柔韧通常指运动员在进行一般训练时，为适应和保证一般训练顺利进行所需要的柔韧素质。例如，球类运动员在进行速度练习时加大步幅所需要的腿部柔韧性；田径运动员负杠铃进行深蹲练习时需要大腿后群肌肉所表现出来的柔韧性等。专门性柔韧即是专项运动技术所特需的柔韧性。

2.专项柔韧的训练机理

影响柔韧素质的因素有很多，包括人体解剖特征、神经活动过程特点、心理因素及身体状况等。大致有以下几个方面：

（1）肌肉、韧带组织的弹性

肌肉、韧带组织的弹性是影响柔韧素质的最主要因素。遗传对它们有着一定的影响，但男女性别、年龄特征及中枢神经系统的兴奋性等因素也会起决定性作用。在中枢神经系统的影响下，肌肉的弹性会产生显著的变化，如比赛中情绪高涨，柔韧性会有很大程度的提高。

（2）关节的骨结构

关节的骨结构是影响柔韧性诸因素中最不易改变的因素，基本上完全由遗传所决定。虽然训练可以使骨结构产生部分变化，但也仅表现在关节内软骨形态的变化方面。而且这种变化只局限在关节骨结构许可的范围内。

（3）关节周围组织的体积大小

关节周围组织体积的大小对关节活动起着限制作用。它一方面受先天遗传的影响，另一方面也受后天训练的影响。往往这些关节周围组织体积的增大，会影响柔韧素质的发展，如有些肌肉体积增大，就影响其周围关节的活动幅度。

（4）神经活动过程特点

神经活动表现为兴奋与抑制的转换。这一转换过程的灵活性与运动活动中肌肉的基本张力有着密切的关系，特别表现在中枢神经系统调节对抗肌之间的协调，以及对肌肉紧张和放松的调节。由于神经活动过程分化抑制的发展程度对运动员随意放松能力起重要的作用，因而神经活动与柔韧素质有着密切的关系。神经系统能很好地改善对抗肌之间的对抗程度，这将使肌肉放松与紧张的调节能力得到提高，使柔韧性得到良好的表现。

（5）心理紧张度

运动员表现出来的心理变化可以通过中枢神经系统、体液调节等影响有机体各部位的工作状况。心理紧张度过强、过长会使神经过程由兴奋转为抑制，严重影响各部位的协调能力，从而影响柔韧性；反之，如心理紧张度适度，则有助于柔韧性的表现。

（6）外部环境的温度和表现柔韧性的时间

18℃以上的外界温度是表现柔韧性的最适宜温度，18℃以下的外界温度则对柔韧性的表现不利。在一天的不同时间内，运动员的柔韧性也不相同。例如，刚睡醒时柔韧性较差，中午时的柔韧性比早晨好。许多人以为早晨人的柔韧性好，这其实是一种误解。利用早晨进行柔韧性练习主要是因为肌肉内的张力通过一夜睡眠已得到调节，多余的肌紧张已得到消除，肌肉处于松弛状态，韧带易于拉开。

（7）主动柔韧性与肌肉的力量有关

有机体某部位的力量大，有助于增大这个部位的活动幅度，显而易见，这个部位的主动柔韧性就必然好。但是力量训练使这部位周围的肌肉组织、韧带等软组织体积增大，也将影响关节的灵活程度。因此，在练习时可采用力量练习和柔韧性练习合理结合的方法，克服因力量训练带来的不良影响，从而使这两种素质的发展都达到很高的水平。

（8）有机体疲劳的程度

在有机体疲劳的情况下，柔韧性会产生很大的变化，这时主动柔韧性指标下降，而被动柔韧性指标则会提高。

在运动活动的实践中，准备活动做得充分与否、训练时间的长短等非本质性因素对柔韧性也有相当明显的影响。

（9）年龄与性别

第一，年龄。根据人的自然生长规律来看，初生的婴儿柔韧性最好。随着年龄的递增、骨的骨化、肌肉的增长，人的柔韧性逐渐下降。柔韧性的增长在 10 岁以前自然获得发展，10 岁以后随年龄的增长，柔韧性相对降低。特别是髋关节，由于腿的前后活动多，加之肌肉组织增大，左右开胯幅度明显下降。因此，在学生 10 岁以前就应对其进行柔韧练习，使自然增长的柔韧性得到提高。

学生在 10 岁～13 岁这个年龄段应充分发展柔韧练习，因为这个年龄段是性成熟前期，骨的弹性增强，肌肉韧带的弹性、伸展性仍有较大的可塑性，进行充分柔韧练习，使各关节幅度达到最大的解剖限度，充分提高肌肉韧带的伸展性，不仅能提高各关节的柔韧性，而且对身高增长也是有利的。

13 岁～15 岁为生长期。在这个时期骨骼生长速度超过肌肉的生长，因此柔韧性有所下降。在这个时期要特别注意身体发育的匀称性，多做全身性的伸展练习，巩固已获得的柔韧效果。

在 16 岁～20 岁这个年龄，整个身体发育趋向成熟，可加大柔韧负荷、难度，从而在已获得的柔韧基础上，进一步获得专项所需要的柔韧素质。

第二，性别。根据生理解剖特点，男子的肌纤维长，横断面积大于女子，伸缩度较大，全部肌纤维的 3/4 强而有力；女子的肌纤维细长，横断面积小于男子，伸展性好，对关节活动限制小，全身仅有 1/2 的肌纤维强而有力。因此，女子关节的灵活性好于男子。

第五章　高校体育训练水平提升与科学运动训练

第一节　高校体育训练水平提升的创新策略与实证

一、体能训练创新与实证研究

（一）体能训练理念创新

1.以智能化技术为基础，创新训练理念

现代体能训练的发展呈现出鲜明的智能化趋势，科学化、科技化及智能化水平越来越高。将智能技术引进高校体能训练中，充分发挥智能技术的优势及应用价值，对提高高校体能训练效率具有重要意义。例如，利用智能技术来动态地监测运动员体能训练效果，对运动员的体能状况进行实时跟踪，并根据智能反馈提出意见或建议，以提高体能训练的针对性和科学性。此外，可以将智能软件、信息技术等现代化手段应用到高校体能测试中，结合大学生的体能状况为其制定科学化和个性化的运动训练处方，提高训练的效率和效果。智能软件的优势主要体现为数据收集的快速性、数据分析的准确性、数据传播的广泛性等多个方面，利用这些优势进行体能测试与训练，能够为体能训练效果的提升提供重要的科技支撑，从而促进大学生运动员健康水平和体能水平的全面提高。在高校体能训练评估指标的设计中，也可以将现代智能技术充分利用起来，创建智能化评估平台，提高评估效率，并通过评估来激励大学生运动员积极参与体能训练，运用多元化、创新性的训练方式自觉提升健康水平和专项体能水平，为高效学习和参与比赛奠定良好的健康基础与体能基础。

2.以生活化诠释为指引，重构训练模式

高校体能训练的科学实施离不开生活化这一重要因素。大学生参加体能训练的行为是否积极，与其对待健康和竞技能力的态度有重要关系。在高校体能训练理念与模式的创新中，大学生的健康永远都要被放在首位。结合大学生的现实生活因素而进行体能训练，将日常生活与体能训练有机结合起来，使大学生对健康的重要性、体能训练对健康促进的重要性有深刻的认识，从而积极参与体能训练，从中享受乐趣，获得成就感，提升健康水平和综合体能水平。此外，要重视对大学生健康生活理念和良好生活习惯的培养，使大学生在日常健康生活中自觉进行体育锻炼和体能训练，养成健康、规范的行为习惯，为持久健康与全面发展奠定良好的基础。为了实现体能训练与日常生活的高度结合，教师要善于从大学生的生活与学习中挖掘体育素材，根据大学生的兴趣爱好来改造素材，依托这些素材，设计大学生感兴趣的训练方式，从而提升体能训练的乐趣，强化大学生对体能训练的认同感和参与感，使大学生自觉积极地参与和自己生活贴近的体能训练活动。

（二）体能训练方法创新

1.新型体能训练方法

在我国高校体能训练中，普遍存在着"身体训练就是体能训练"的认识误区，而且为了提高训练成绩，一味加大训练负荷，延长训练时间，导致大学生运动员体能衰竭出现的时间较早。在部分高校的体能训练中，教师和运动员简单地认为体能训练主要就是进行力量和耐力训练，而且在力量训练中反复进行杠铃训练，训练方式单一。高校体能训练缺乏针对性和全面性，而且很多教师都没有从运动员的实际情况出发，设计包含体能全部内容并有所侧重的体能训练计划，不管运动员体能状况如何，都只是进行单一的力量训练和耐力训练，单纯通过加大训练强度来提升训练效果，对运动员体能的持续发展造成了限制。

运动员在训练与比赛中，要顺利完成技术动作，需要有良好的肌肉控制性与稳定性，这对运动员的动态稳定能力，即维持身体稳定状态的能力，提出了较高的要求。所以在高校体能训练中，不仅要进行肌肉力量训练，还要进行肌肉稳定性训练，提升肌肉持久稳定运动的能力，这是运动员尤其是对抗类项目的运动员提升运动训练能力和比赛成绩的重要体能条件。对此，高校必须将对大学生运动员身体稳定能力的训练纳入体能训练计划中，并予以高度重视。小肌肉群训练是动态稳定能力训练的主要内容，高校体能训

练往往主要是进行大肌肉群训练，没有针对性地锻炼小肌肉群，这是运动员在训练或比赛中出现动作不平衡、出现慢性损伤的主要原因之一。所以在日常体能训练中必须加强小肌肉群训练，改善与提升运动员肌肉的稳定活动能力和控制能力，从而促进肌肉力量平衡发展，预防慢性损伤。

2.体能训练新方法的作用

（1）减少体能消耗

很多体育项目都对运动员的体力提出了较高的要求，表现性项目和对抗性项目在这方面的要求尤为显著。运动员除了要在日常生活中有意识地改善自己的体力素质外，还要在科学而系统的体能训练中，通过合理的训练方式减少不必要的体能消耗，维持肌肉持续工作的能力，从而坚持到最后，取得理想的比赛成绩。传统体能训练主要是训练大肌肉群，经过长期的训练，可以显著提高大肌肉群的绝对力量，但有些运动环境需要运动员不断做出快速反应，此时如果只靠发达的大肌肉群去完成"指令"，那么会消耗大量的能量，从而影响技术动作的完成质量，也会使运动员很难坚持到最后时刻。新型体能训练主要是对深层核心的小肌肉群加以刺激和训练，有助于节约体能消耗，使运动疲劳出现的时间晚一些，这为运动员持久发挥技能水平奠定了良好的体能基础。

（2）改善稳定性

对于从事任何运动项目的运动员来说，肌肉稳定性都是必不可少的体能素质。不管是一般水平的运动员，还是高水平运动员，在竞争激烈的比赛环境下，运动员必须高度集中注意力，以良好的判断力和节奏控制力，分析和预测战况，从而结合实际情况做出决策，尽可能高质量完成每项技战术，赢得比赛。但是，比赛场上的情况常常瞬息万变，在对抗过程中，一旦节奏发生变化，就可能出现很多意想不到的情况，而此时如果运动员缺乏良好的身体稳定性和肌肉持续活动能力，便很难与对手抗衡，进而占据下风，陷入被动，比赛结果也往往不理想。在这种运动环境下，如果运动员保持身体稳定的能力很强，那么对其来说就是难得的优势，对对手来说是颇具威胁性的。良好的身体控制能力为运动员高质量完成技战术，并能够持续作战提供良好的身体支撑，有助于运动员将自身技术优势充分发挥出来，取得比赛的胜利。

（3）预防运动损伤

在运动训练和竞技比赛中，运动员难免发生运动损伤，只有尽最大的努力去预防损伤，降低损伤发生的概率，才能减少损伤带来的危害。运动人体科学相关学科一直都在研究关于运动员损伤的预防和处理问题，虽然研究成果显著，但运动损伤事件时有发生，影响了伤者的身心健康和运动生涯，甚至给运动员的一生都带来了困扰。从运动损伤发生的原因来看，思想轻视、动作不规范、缺乏热身准备等都是常见的原因，这也是老生常谈的几个原因，但缺乏良好的身体稳定性作为导致运动损伤发生的关键原因之一却常常被忽视。通过新型体能训练方法提升核心肌群的稳定性，可以有效提高身体稳定性，使运动员在对抗运动环境下依然能够持续"输出"，稳定发挥，同时有效预防损伤发生。在运动员康复训练中，也可采用新型训练方法达到康复的目的。

3.将体能训练新方法运用到高校体能训练中的建议

（1）训练方案科学

提升体能水平，为充分发挥专项技能水平奠定基础，这是体能训练的主要目的。不同类型的运动项目，因为专项技能的差异而对运动员的体能素质提出了不同的要求。因此根据专项需要设计体能训练新方法的应用方案，并根据运动员专项技能水平的变化不断调整训练方案，通过实施科学的、个性化的、与时俱进的训练方案，能够有效提升运动员的体能水平，满足专项需要，提高运动成绩。

（2）训练配比合理

体能训练新方法运用到体能训练过程中，并不意味着要否定传统体能训练模式，更不能删除力量、速度、耐力、柔韧和灵敏等传统体能训练内容。教师要从运动员实际情况出发，合理分配传统体能训练和新型体能训练的比例，并一如既往地重视五大体能素质的训练，可以根据训练需要设计"以传统训练为主，以新型训练为辅"或"以新型训练为主，以传统训练方法为辅"的不同模式，确保二者之间比例恰当，并根据专项要求和运动员现状而随时调整二者的比例，从而全面提升运动员的综合体能素质。

（3）训练强度适宜

将体能训练新方法运用到体能训练中，刚开始，运动员会因为之前缺乏小肌肉群训练，突然增加这方面的训练内容而感到不适，对一些运动员来说，完成训练动作比较困难。为了避免引起运动员身体不适和心理抗拒，降低运动员的紧张感和恐惧感，应当循序渐进地安排小肌肉群训练负荷，先安排小强度训练，使运动员适应一段时间，然后逐步过渡到正常强度的训练中，再根据训练目标而不断增加强度，逐步提升运动员小肌肉群的力量和身体在运动场景下的稳定能力及控制能力。

（三）高校体能训练创新实证研究

下面以排球功能性体能训练方法为例，展开实证研究：

1.实验方案

将某大学女子排球队 12 名运动员划分为实验组和对照组，每组各 6 人。实验前，两组的体能水平相当。实验中，对照组和实验组分别采用传统体能训练方法和功能性体能训练方法进行训练，训练时间为 13 周。训练结束后对比两组运动员的体能训练效果。

（1）对照组的传统体能训练

第一，力量训练。对照组的力量训练安排在每周的周二和周四，主要进行器械类力量训练，选取 5 种左右的器械，每种器械各训练 8 组左右，强度为 60 %～100 %。训练的部位大都是与排球专项技能要求相关的肌群。训练方式具体包括站姿负重提踵、负重转体、负重坐蹲、负重斜板仰卧起坐、连续蛙跳、跳台训练、平板支撑、快速挺举或抓举等。

第二，速度与灵敏性训练。速度和灵敏性训练在同一天进行，每周一次，安排在周四力量训练结束之后，大约半小时时间。主要对运动员的急停、变向、变速、跳跃及反应等能力进行训练。将速度和灵敏性训练安排在力量训练之后是不合理的，运动员在疲劳状态下进行训练，效果并不理想，而且不利于运动员身心恢复和后面的运动表现。

第三，有氧耐力训练。对照组每两周进行一次耐力跑训练，距离为 4 000 米，训练时间为周六下午，这一天整体训练强度不大，而且没有专门的体能训练课，所以安排在这个时间段是比较合适的。耐力跑主要包括规定时间内跑完全程的计时跑和低强度不计时跑两种方式。虽然在排球运动中，无氧耐力比有氧耐力更重要，但有氧耐力的训练也是必要的，它有助于促进运动员心肺能力和乳酸代谢力的提升，从而保持持久的运动能力，使运动员疲劳出现的时间延缓，使运动员的抗疲劳能力得到提升，能坚持完成大强度的训练和激烈的比赛。在排球体能训练中，对运动员坚持完成训练任务产生制约的主要体能因素一般不是力量因素，而是运动员机体能量供应不能满足需要，供需不平衡，这种情况下运动员疲劳积累，对训练效果产生影响。所以，虽然有氧耐力对排球运动员来说，不像对篮球、足球运动员那样重要，但在专项体能训练中还是要引起重视的，并要将有氧训练和无氧训练结合起来。

第四，无氧耐力训练。对照组两周进行一次无氧耐力训练，训练方式为篮球场变速跑练习，要求在场地内按正常速度跑，在边线以最大速度冲刺，在端线慢跑恢复，共练习 3 组，3 圈一组，完成一组后，间歇 3 分钟，再进行下一组练习。周六下午没有体能训练课，而且这一天训练强度不大，所以无氧耐力训练和有氧耐力训练一样也安排在这个时间段。无氧糖酵解供能是排球供能的一大特征，运动员要特别重视无氧耐力训练，通过变速跑练习，提升和保持自身无氧糖酵解供能能力。

（2）实验组的功能性体能训练

第一，增肌耐力训练。在功能性体能训练周期的开始阶段安排增肌耐力训练，主要是为了促进运动员动作模式的规范，促进其肌肉含量和耐力的提升，为之后的大强度训练奠定基础。本阶段训练强度低，练习数量多。

第二，基础力量训练。这一阶段主要是为了促进运动员基础力量素质的改善，使重要部位的肌肉力量得到增强。训练模式有两种：一种是将上肢爆发力训练和下肢基础力量训练结合起来进行，安排在周二的体能课中；另一种是将上肢基础力量训练和下肢爆发力训练结合起来，安排在周四体能课中。在训练过程中，主要采取"1组抗阻训练+1组超等长训练"的复合训练形式。

第三，力量爆发力训练。这一阶段主要采用具有项目特点的抗阻训练（即爆发力训练，如抓举、杠铃高翻等）和超等长训练，使用接近运动员极限重量的训练模式来增强运动员的爆发力。

（3）训练效果对比

第一，上肢爆发力。采用羽毛球掷远测试来评价上肢爆发力，实验组运动员的测试成绩比对照组运动员的成绩好，表明功能性体能训练方法有效提高了实验组运动员的上肢爆发力。

第二，最大力量。采用 1RM（1 Repetition Maximum，一次最大重复次数）深蹲、1RM 卧推、1RM 硬拉的方式进行测试，实验组成绩非常可观，说明功能性体能训练方法提高了运动员的最大力量。

第三，弹跳力。采用纵跳测试来评价弹跳能力，实验组和对照组实验结果存在显著差异，实验组的测试成绩更好，说明功能性体能训练方法有效提高了女子排球运动员的弹跳能力。

第四，灵敏性。采用"T"形移动测试进行评价，实验组测试成绩优于对照组，说明通过功能性体能训练方法有效提高了女子排球运动员的灵敏性。

2.结论

功能性体能训练方法对于提高排球运动员的上肢爆发力、最大力量、弹跳力和灵敏性等体能素质具有重要意义。因此，在日常体能训练中，要将功能性训练方法和传统训练方法结合起来，提高训练的全面性。

二、运动技战术训练创新与实证研究

（一）运动技战术训练方法创新

1.逆向法

逆向法是指在不改变原有技战术基本结构的前提下，使其向不同方向发展，从而创造出新的技战术方法，也就是从现有事物的组成原理、功能特性、结构形态等方面的相反方向引出问题，展开思考的创新方法。针对新的技战术进行训练可实现原有技战术水平和现有技战术水平的共同提高。

2.递进法

递进法是在不改变原有技战术性质的前提下，使技战术在某个方面发生程度上的递进式变化，从而创造出新的技战术方法。递进创新法的实质是通过对内容的深化与形式的更新，在"难度""新颖"等方面实现程度上的递进发展。所谓"难"，是指对原技战术内容的进一步深入拓展；所谓"新"，则必须在技战术表现上独辟蹊径，出奇制胜。二者互为关联，相辅相成，从而超越原有技战术。

3.移植法

移植法是指不改变原来的技战术，而把它用于其他技战术动作或运动项目训练中去的方法。例如，把铁饼的旋转投掷法移植到铅球上，从而产生旋转推铅球的新技术。

4.组合法

组合法是指将两个以上的技战术通过组合，成为新的技战术的方法。其精髓在于组合要素的选择和组合方式的创新设计。在技战术训练中要善于将相似技术组合在一起进行训练，提高训练效率和效果。

5.复合法

复合法是把原有技战术复合融汇在一起，从而改变原有技战术的性质，呈现出一种新的技战术的方法。这也是运动技战术训练的重要方法之一。

6.综合法

综合法是将上述方法综合在一起设计出新的技战术训练方法。在复杂技战术的训练中适合采用综合法，将多种训练方式结合起来以提高训练效果。

（二）高校技术训练创新实证研究

下面以羽毛球技术训练方法——落点强化训练法为例，展开实证研究：

1.实验方案

以某羽毛球专选班的两个班级为实验对象，其中一个班级运用落点强化练习法进行技术训练（即实验组），另一个班级采用传统训练方式（即对照组）。训练时间为10周，每周两次，每次90分钟。实验前，两个班级的羽毛球技术水平（如吊球、后场高远球）没有明显差异。

（1）各组训练方法

第一，对照组。一是在训练方法设计上，运动员在羽毛球场地左区将球回击到前场、中场和后场后，回到原始位置。前场采用吊球的方式将球击入网前区；回击到中场的球要在中区；回击到后场高远的球要在后场区。二是吊球的训练方法，因为训练时间的关系，只采用正手吊球的训练方法。三是后场高远球采用传统方法训练，击出的球高弧线飞行，几乎垂直落到对方底线附近区域内。

第二，实验组。一是在训练方法设计上，实验组主要采用落点强化练习法，要求运动员在羽毛球场地左区，由右区教练发后场高远球，运动员将球回击到前场、中场和后场后，再回到原始位置。二是吊球的训练方法，与对照组相同，只是限制吊球的区域，先按吊直线的方法进行训练，提高吊球的准确性，再进行吊斜线球练习，尽量让吊球进入1区或3区，适当多安排吊球落点训练。三是后场高远球训练方法，与对照组的训练相同，但不仅要求球落入后场区域内，还要落入7区或9区区域内。

（2）实验后检测

主要测试实验组和对照组吊球落点的正确率、后场高远球落点的正确率及技术衔接能力，进行组间比较。

（3）技术衔接能力比较

按照技术衔接的好坏用1分～10分进行评分。经检验，实验后两组运动员的技术衔接能力有显著差异，实验组运动员更好一些。

2.结论

实验前，实验组与对照组的运动员在吊球、后场高远球等后场击球技术方面，以及技术衔接能力方面都没有显著差异；实验后，这些能力具有显著性差异，实验组不管是单项技术能力还是技术衔接能力，总体上比对照组强。因此，说明落地强化练习法在提高羽毛球运动员后场击球技术能力和技术衔接能力方面起到了重要作用。

第二节　高校体育科学运动训练实践

一、高校体育科学运动训练的理论基础

生命在于运动，然而运动必须有一定的规律性，只有掌握了体育训练的一般生理卫生知识，科学地进行体育训练，才能够起到强身健体、防病治病的作用。从某种意义上说，运动安全是体育训练的首要问题，如果不注意运动卫生，盲目或随意运动，有时反而会对身体造成危害。因此，体育训练只有遵循人体生理活动规律和一定的卫生要求，才能收到良好的效果。

（一）合理安排训练时间

参加体育训练的时间主要根据个人的生活习惯、身体状况或工作性质而定，不同的训练时间有不同的特点，练习者可根据自己的实际情况选择。

1.清晨训练

清晨训练有助于体内排出二氧化碳，吸入较多的氧气；有利于体内新陈代谢的加强，提高训练的效果。清晨起床后大脑皮层处于抑制状态，通过一定时间的体育训练，可适度提高大脑皮层的兴奋性，从而有利于一天的学习与工作。但是，由于清晨训练多在空腹情况下进行，所以运动量不要太大，时间也不宜太长。否则，长时间的运动会造成低血糖，不仅影响训练效果，而且会使身体产生不适。

2.下午训练

下午进行体育训练时，运动强度可大一些，高校学生可打球、做游戏、跑步等。

3.傍晚训练

傍晚进行适当的体育训练,既可以健身强体,又可以帮助身体消化吸收。傍晚运动的主要形式为散步,傍晚的体育活动时间一般不要超过 1 小时,运动强度也不可太大。运动强度过大会影响胃肠道的消化吸收。另外,傍晚训练结束与睡觉的间隔时间要在 1 小时以上,否则,会影响夜间的睡眠。

(二)体育训练的合理进食

体育训练时,体内的物质代谢加强,能量消耗加大。合理的营养和饮食卫生,有助于稳定机体内环境的平衡,加快机体的调整与恢复,以达强身健体之效用。

第一,要有充足的食物量,机体内进行物质代谢必须不断地从外界获取新的物质,以补偿机体所消耗的能量。

第二,要注意补充优质蛋白质,蛋白质在人体内不能合成,只能从每天的饮食中得到。如果蛋白质不足,就会直接影响健康。

第三,要注意供给含无机盐及含维生素的食物,钙、磷、碘等无机盐都是人体必需的营养素。维生素是人体不可缺少的有机化合物,它具有广泛的生理功能,对保持人体健康有着极为重要的作用。

体育训练后,不要急于进食,要使心肺功能稳定下来,胃肠道机能逐渐恢复后再用餐。如果在运动后立即进食,由于胃肠的血流减少,蠕动减弱,消化液分泌减少,进入胃内的食物无法及时得到消化吸收,储留在胃中,容易牵拉胃黏膜造成胃痉挛。长期不良的饮食习惯还可诱发消化道疾病。

(三)体育训练的卫生

体育训练必须遵循人体生理变化的规律,符合运动卫生的要求,才能有效地增强体质,防止运动损伤和疾病的发生。

1.定期体检

为了了解体育训练对增强体质的作用,了解运动中身体健康和机能的变化状况,检查训练的方法是否正确,运动量是否适宜等,应定期进行体格检查,从而进一步修订体育训练计划和改进训练方法。

2.注意做好准备活动和整理活动

体育训练前进行充分的准备活动，对于体育训练者来说是非常重要的。有些体育活动爱好者就是由于不重视训练前的准备活动而受到各种运动伤害，不仅影响训练效果，而且影响训练兴趣，甚至会对体育活动产生畏惧感。

整理活动是人体内运动状态过渡到相对安静状态的活动过程，它是促进体力恢复的一种有效手段，因此体育运动后要做好整理活动。整理活动有助于人体机能尽快恢复常态，有助于偿还氧债。

准备活动和整理活动在体育运动中有着不可估量的作用。准备活动能够提高内脏器官的机能水平，调节心理状态，使身体各器官系统机能迅速进入工作状态，以适应剧烈运动的要求，减少或防止运动损伤的发生。整理活动能够克服机体的生理惰性，加速肌肉组织的新陈代谢，调节运动情绪，可使人体更好地从紧张的运动状态逐渐过渡到相对安静的状态，并可消除机体内的代谢产物，减轻肌肉酸痛，消除疲劳。

3.饭后不宜立即进行剧烈运动

饭后不能立即运动。强度运动可在饭后两小时后进行，中度运动应在饭后一小时后进行，轻度运动在饭后半小时后进行。主要因为：

第一，刺激胃肠。可能引起呕吐、胃痉挛等症状。

第二，血流分配紊乱。长此以往，轻则可引起消化不良，重则可导致消化道慢性疾病。

第三，影响运动效果。人体进食后体内交感神经受到抑制，此时训练，运动效果不显著。

另外，饭后胰岛素分泌上升，可抑制脂肪的分解，能量的来源就会受到限制。

4.注意训练时的饮水卫生

与体育训练后的进食不同，体育训练后的补水是可行的，只要口渴，在运动后甚至在运动中即可补水。在天气较热的情况下，大量排汗引起体内缺水，不及时补水，可能会造成机体脱水、休克等。补水要注意科学性，不可暴饮。剧烈运动时和运动后，均不宜一次性大量饮水，运动时的饮水应以"少量多次"为原则。饮用不同成分的饮料对人体也有影响。运动中排汗的同时也伴随着无机盐的流失，因此运动后最好饮接近于血浆渗透压的淡盐开水，以保持体内的盐平衡。也可选用橙汁、桃汁等原汁稀释饮料，不要饮含糖量过高的饮料。

5.选择适宜的训练场所

（1）要选空气清新的地方

由于体育训练时，体内代谢加强，肺通气量增加，这时如果吸入有害物质，会比平时吸入的增多，就会危害健康。若在人数多、通风换气不充分的体育馆或密闭的室内进行体育训练，由于空气中的二氧化碳含量过多，可使人头晕、运动能力下降，对人体产生不良影响。另外，雾大不宜进行体育训练，因为雾中多含有尘埃、细菌和其他有害物质。

（2）运动场地的要求

训练时要选择合适的场馆，场地不能过于狭窄，要平整，不能有碎石、杂物，空中也不能有悬挂物，以免发生碰撞和损伤。场地不能太滑，做跳跃运动的场地不能太硬。游泳时游泳池要符合标准，水质要过关。

（3）运动器械

在田径运动中，投掷用的各种器械表面要光滑，无破裂处，无泥土；器械的重量和大小，要符合训练者的年龄和性别特点。

体操运动用的各种器械，如单杠、双杠等，表面要光滑，安装要牢固，落地处应放置体操垫。在上器械前，手掌可抹些镁粉，目的是加大摩擦力，以防脱手而引起事故。

在球类运动中，使用的球必须符合规定标准。练习或比赛时，应充分利用保护装置，如护腿、护膝等，这样可以防止运动损伤。

（4）避免强烈的日光照射

室外运动时，要避免强烈日光的过度照射，防止紫外线和红外线对人的损害。在强烈的阳光下活动，特别是在高原地区，应戴遮阳镜或太阳镜，减少太阳射线对头部和眼睛的直接照射，或抹一些防晒霜以保护皮肤。

（5）运动衣着

服装能保护人体免受外界环境的各种不良影响。服装的保温性、透气性、吸湿性等，均具有重要的卫生作用。因此，运动时穿的衣服要轻便、舒适。经常从事体育训练的人，要勤洗、勤换运动衣裤，尤其是内衣裤，以免汗液和细菌污染身体健康。鞋子尺寸应以合适为原则。从卫生学的观点看，运动鞋应当轻便、富有弹性，具有良好的透气性。另外，袜子应当通气良好，吸汗性强，而且干净、柔软、富有弹性。

6.训练后的保暖和洗浴

体育训练后，洗澡不仅可以保持皮肤的清洁卫生，还能使神经系统的兴奋性降低，体表血管扩张，血液循环加快，从而改善肌肤和组织的营养状况，降低肌肉紧张，加强新陈代谢，有利于身体内营养物质的运输和疲劳物质的排除，提高睡眠质量。

训练后，用温水洗浴是消除疲劳的好方法，水温 40℃左右为宜，时间为 10 分钟～15 分钟。体育训练后，不能立即用冷水洗浴，否则，不仅不能消除疲劳，而且会引发各种疾病，严重的会当即休克甚至死亡。因为训练后用冷水洗浴，会迫使皮下血管迅速收缩，热量散发不出来，身体就会因热量积聚而发生代谢紊乱，从而引起疾病。

同时，剧烈运动后，身体的免疫力有所下降，这时如果不注意保暖，各种病毒细菌就会乘虚而入，造成感冒、发烧等。因此，训练后，应赶快穿好衣服，不要等凉了以后再穿。

二、高校体育科学训练的运动处方与损伤的预防

（一）运动处方的概述和发展

运动处方是针对每个体育锻炼者的具体情况制订的一种处方式的体育锻炼计划。运动处方是现代体育科学发展中的新生事物，具有科学性、实用性和针对性强的特点。

1.运动处方的概念

体育训练处方是指根据每个准备从事体育锻炼的个体的身心状况而制订的，是一种定量化的周期性体育锻炼计划。因为给健康者制定的健身方案很像医生开的处方，所以世界各国普遍把处方这个词援引到体育领域。我国通常称体育训练处方为"运动处方"或"健身运动处方"。

2.运动处方的分类

随着运动处方应用范围的不断扩大，运动处方分类的方法也在不断改进，用不同的方法，可将运动处方分为不同的种类：

（1）根据运动处方对象分类

第一，康复治疗性运动处方。它常用于某些疾病或外伤的治疗和康复。这类运动处方的目的是通过运动疗法帮助患者提高身体机能，缓解症状，减轻或消除功能障碍，恢复肢体功能，尽量提高患者的生活自理和工作能力。康复治疗性运动处方既用于综合医院的康复科、康复医疗机构，也用于社区的康复工作。

第二，预防健身性运动处方。预防健身性运动处方的对象是全民健身运动的参加者，主要用于健身和防病。运动处方的主要目的是指导人们采取适当的体育活动，科学地进行锻炼，以便更有效、更科学地提高健康水平、增强体质，预防某些疾病的发生，防止过早衰老等。预防健身性运动处方主要由体育教师、社会体育健身指导员、私人健身教练等来制定。

（2）根据运动目的分类

第一，健身运动处方。

健身运动处方是指为不同年龄、不同性别、不同职业的健康人群制定的，以增强体质、预防疾病、提高健康水平为目的的运动处方。主要采用低强度、较长时间的有氧运动，来提高心肺功能。

第二，健美运动处方。

健美运动处方主要以改善和塑造身体形态为目的。通过健美运动，男子可以塑造健美的形体，女子可以培养出高雅的气质和风度。

第三，竞技运动处方。

竞技运动处方是一种以提高运动员身体素质和运动技术水平为目的的运动处方。

第四，康复运动处方。

康复运动处方是指某些患有疾病或进行外伤治疗的患者，通过更加定量化和更具针对性的锻炼，达到治疗疾病、提高康复医疗的效果。

（3）根据运动处方锻炼作用分类

第一，全身耐力运动处方。

全身耐力运动处方以提高心肺功能为主要目标。按照运动处方进行系统的锻炼，可以缩短患者住院时间，更快地恢复工作能力。目前除用于急性心梗患者的康复之外，还可用于心血管系统慢性疾病（如冠心病、高血压）、代谢疾病（如糖尿病、肥胖病）和长期卧床引起的心肺功能下降等疾病的预防、治疗和康复。

在全民健身计划实行的过程中，全身耐力运动处方被用于科学地指导健身，以提高锻炼者的耐力素质、维持合理的身体成分和消除亚健康状态的症状。

第二，力量运动处方。

力量运动处方的主要作用是提高肌肉的力量耐力。在康复医学中，通过运动疗法，即患者主动的肌力锻炼，"废用性"萎缩肌肉的力量得到提高，肌肉横断面和体积加大，起到改善肢体运动功能的作用。在全民健身运动中，力量运动处方用于指导健身者科学地进行增强肌力的训练，以达到提高力量素质，减缓中年以后肌肉萎缩的速度，预防骨质疏松等作用。

第三，柔韧性运动处方。

柔韧性运动处方的作用是提高身体的柔软性素质。在康复医学中，各种主动、被动运动使因伤病而受累关节的活动幅度尽量保持、增加或恢复到正常的范围。在全民健身运动中，柔韧性运动处方用于指导健身者采用科学的手段和方法，提高身体的柔韧性素质，预防随年龄增长而导致的关节活动幅度的下降。

（4）根据所锻炼的器官系统分类

第一，心脏体疗锻炼运动处方。它以提高心肺功能为主，主要用于冠心病、高血压、糖尿病和肥胖症等内脏器官疾病的防治和康复。

第二，运动器官体疗锻炼运动处方。它以改善肢体功能为主，用于各种原因引起的运动器官功能障碍，以及畸形的矫正等。

3.运动处方的主要内容

根据处方对象的个人情况，明确处方的目的，完成相应的功能评定之后，就可以开始制定运动处方了。一个完整的运动处方应包括运动目的、运动项目和运动量等内容。

（1）运动目的

根据个体不同的身体情况来确定的运动目标即为运动目的。运动目的具有主观和客观的双重性。

主观性表现为对运动的意向、愿望和兴趣，它是以情绪为核心的主观意愿的需要。而客观性则更多的是由于健康状况、疾病程度等身体客观状况产生的需求，把运动作为满足机体健康需要的一种手段。运动目的主要有以下方面：

第一，促进生长发育。

第二，防治某些疾病，保持健康，延缓衰老。

第三，增强体质，提高工作效率。

第四，丰富文化娱乐生活，调节心理状态，提高生活质量。

第五，学习、掌握运动技能和方法，提高竞技水平。

（2）运动项目

运动项目主要根据锻炼者所要达到的目的而定，一般健身或改善心血管系统及代谢功能。例如，为了预防疾病，锻炼者宜选择以有氧代谢为主的走、慢跑、游泳、爬山、上下楼梯、骑自行车等耐力性项目；为了改善心情，消除身体疲劳，或预防高血压和神经衰弱，可选择运动量较小的放松性练习项目，如气功、太极拳、散步、放松操或保健按摩等；为了增强肌肉，宜选择力量性项目；针对某些疾病进行专门性的治疗，可选择有关的医疗体操，如慢性支气管炎、肺气肿患者应做专门的呼吸体操。

（3）运动量

运动量的大小，取决于多种因素。以持续运动为主的耐力处方与力量处方、柔韧性处方的运动负荷有所区别。运动负荷的大小决定因素，综合起来有以下几个方面：

第一，运动强度。

运动强度是运动处方的核心。它反映了机体运动时用力的大小和机体的紧张度，是运动处方中决定运动员运动能力的最主要的因素。运动强度既影响机体的承受能力，又直接关系到运动锻炼的效果。制定出适合锻炼者特点的量化的强度指标，是制定运动处方的精髓。

运动强度对运动效果与安全有直接的影响，掌握适宜的运动强度是执行运动处方的主要内容之一。运动强度可用最大吸氧量、心率、功率等表示。

第二，运动时间。

运动时间指每次运动持续的时间，是组成运动量的重要因素。在持续的周期性运动中，运动时间乘以运动强度就是运动量。因此，运动时间随负荷强度而发生变化。运动时间过短，对机体不能产生作用，达不到应有的效果；运动时间过长，有可能超过机体的负担能力，造成疲劳积累而损害身体。因此，应根据运动目的及负荷强度来设定必要的运动时间。例如，耐力性运动每次运动的持续时间可在 20 分钟～60 分钟，其中达到适宜心率的时间在 5 分钟以上。健身体操持续的时间视具体情况而定，运动中应常有短暂的休息。

第三，运动次数。

运动次数即每周运动的次数，多表现为天数。运动间隔时间过长或过短都会影响运动处方的效果。若以 70%～85% 的最大心率进行运动，最佳的运动次数是每周三天；若以较低运动强度进行运动，则每周的运动次数需要大于三天，以达到运动目的。

第四，运动进度。

运动进度取决于个人能力、耐力、健康状况、年龄、喜好及目标。

第五，运动频率。

运动频率指每日及每周的锻炼次数。一般每日只需锻炼一次，每周锻炼 3 次～4 次。有足够的休息时间，可使机体得到超量恢复，收到更好的锻炼效果。同时，还应结合每次运动的强度、持续的时间、个人的身体恢复情况及对运动的适应能力等因素综合考虑。

第六，运动处方的格式。

运动处方可根据不同的需要采用不同的格式，但在处方中，必须指出禁止参加的运动项目、锻炼的自我监督指标，以及出现异常情况时停止运动的准则等。在制定和执行处方时，必须严格遵守循序渐进、个别对待的原则，加强医务监督，充分考虑安全。

（二）运动处方的应用及应注意的问题

应用健身运动处方从事身体锻炼的方法因人而异，事实上，运动的效果多表现在生理和心理方面。在应用处方时，应首先对自己的健康状况进行医学诊断和体力评价，然后，在此基础上选择适合自身状况的运动处方，在 6 周～10 周内获得理想的健身效果。

1.健身运动处方

健身运动处方是指导健康人群运动锻炼的，以提高身体适能，促进健康，预防运动缺乏病为目的。近年来，健身运动处方的应用呈现强度和缓、身心全面、质量精细的特点。运动方式不再仅强调强度，过去那种快节奏的健美操、长跑，已渐渐被每周 3 次～4 次、每次半小时以上的瑜伽、太极拳、慢跑、快走等轻松和缓的形式代替。通过锻炼解除心理压力，精神与身体和谐发展，提高对现代生活的适应能力等，成为制定健身处方的追求目标。

2.应用运动处方应注意的问题

（1）疲劳的判定

在根据运动处方进行锻炼时，由于主观和客观的原因，在锻炼进程中很可能因选择处方的运动负荷、锻炼方法、外环境的变化、工作和生活强度较大等产生肌肉疲劳。此时，如不给予高度的重视，健身的效果不仅不明显，甚至还会给身体带来伤害。

疲劳是身体或某一部分由于长时间地工作或反复受到刺激而出现的应答能力或机能的减退。导致疲劳的原因是多方面的，但它导致工作能力和身体机能下降也是暂时的。在运动锻炼中一旦产生疲劳，即刻采取科学的对策，疲劳是可以消除的。为使运用运动处方健身取得理想的效果，可在健身和日常生活中利用一些简单的自我感觉来判断肌肉是否疲劳。

当识别肌肉疲劳后，就可对症下药地消除疲劳。消除疲劳的方法有两种：

第一，保证充足的睡眠和休息时间。因为睡眠时，副交感神经的活动可达顶点，而副交感神经活动能促使能源物质的合成。因此，睡眠对消除疲劳具有最大的效果。

第二，积极性休息。作为积极性休息所选用的锻炼活动，强度要小，时间要短。这样，大脑皮层中神经细胞产生的兴奋才能集中，对疲劳神经细胞方可产生负诱导作用，并使疲劳神经细胞加强抑制，促进恢复。同时，改变肢体活动的部位，变换锻炼的内容和方法也是非常重要的。

但是，无论选用哪种恢复机能的方式，都要给身体补充消除疲劳的营养物质，体质才能通过疲劳而增强。因为锻炼时消耗的营养物质只能依靠饮食中的营养物质来补充。所以安排好膳食结构有助于疲劳的消除。总之，只有充分认识疲劳，同时采用合理消除疲劳的方法，健身锻炼才能做到安全，体质才能逐步增强。

（2）健身锻炼中的常识

在实施运动处方锻炼时，首先要对自己所选用的处方内容、运动场所和运动用具等有充分的了解，并且对运动场所和运动用具的安全性做全面的检查，将伤害和事故的发生消灭在萌芽状态。在选择锻炼负荷量时，必须根据自己的身体状况选择适宜的运动负荷量。

无论采用何种健身的方式，都应包括准备活动、伸展柔韧性运动、有氧代谢运动和整理活动这四大内容。只有在做好准备活动后进行健身锻炼，最后配以整理活动，健身锻炼才能取得效果。

第一，准备活动的顺序通常是慢慢地活动手、臂、腿和脚，因为准备活动对心脏的刺激不大。同时，在准备活动中要根据气候条件和年龄、身体状况适当地增减衣服，以保证身体不至于感到寒冷，又不妨碍做动作。

第二，在健身锻炼之后，机体的工作状态处于一个较高的水平，如果此时停止运动或坐下或躺下休息，会使体温急剧下降，从而导致眩晕、恶心、出冷汗。所以，在健身锻炼后要及时稳定机体状态，使身体代谢的速度缓慢下来。

第三，健身锻炼出汗之后，不能立马洗澡，应在运动后至少10分钟再冲澡。

第四，在按照健身运动处方进行健身锻炼过程中，如果遇到这些症状，必须停止锻炼：胸痛伴随运动的进行而加剧；胸内绞痛，呼吸严重困难；恶心、头晕、头痛；四肢肌肉剧痛，两腿无力，行动困难；足、膝、腿等关节疼痛；脉搏显著加快；脸色苍白，出冷汗，嘴唇发紫；锻炼姿势或动作不稳、不正常，运动的速度突然缓慢。

（三）体育训练中损伤的预防

发生运动损伤的原因很多，可分为直接原因和诱因。直接原因有思想上不重视、缺乏合理的准备活动、技术上的错误、运动负荷较大、身体功能和心理状态不良、组织方法不当、运动粗野或违反规则、场地设备的缺点、不良气象的影响等。诱因有各项运动的技术特点和局部解剖的生理特点等。常见的运动损伤有挫伤、肌肉损伤、关节韧带损伤、滑囊炎、腱鞘炎、骨骺损伤、髌骨劳损、胫腓骨疲劳性骨膜炎、脑震荡等。主动预防损伤，比发生损伤后再去治疗更为重要。

参加体育锻炼是为了增强体质，增进身心健康。如果在体育锻炼时，不重视运动损伤的预防工作，没有采取积极的预防措施，就可能发生各类伤害事故，轻者影响学习和工作，重者可造成残疾甚至危及生命，并造成不良的心理影响。因此，积极预防运动损伤对广泛开展群众性体育活动、体育教学和运动训练都有重要的意义。

1.各类体育运动的常见创伤及预防

（1）田径运动

田径运动包括跑、跳、投掷和竞走。其创伤并不少见，创伤的性质和程度也各不同。同时还有其他运动中所罕见的过度紧张状态及重力性休克。

第一，短跑运动。

常见创伤：在短跑时常遇到的外伤有大腿后部屈肌拉伤、足踝腱鞘炎、跟腱纤维撕裂、断裂或跟腱腱围炎。赛跑时由于急停而引起的髂骨前上棘的断裂、踝关节与膝关节扭伤、大脚趾种子骨骨折等。有时也因为起跑坑未垫平而致伤。

预防：有目的、按比例发展大腿前后肌群的力量，合理安排足尖跑、后蹬跑、碎步跑，充分做好准备活动；训练后充分放松肌肉；要穿合适的跑鞋；注意跑道的平整。

第二，中长跑运动。

常见创伤：下肢训练过多，有时可出现胫腓骨疲劳性骨膜炎或骨折。长跑过程中摔倒可发生擦伤，有时也因倒在跑道的边沿上或道边的板牌上而发生骨折，也曾有人记载过被钉鞋刺伤的病例。马拉松比赛时，由于距离过长，运动员常常发生会阴部及尿道口擦伤，膝外侧疼痛综合征，胫前肌腱鞘炎及足趾挤压伤。

预防：要穿合适的运动服装、鞋子；会阴部和大腿根部可涂些凡士林以防皮肤擦伤；选择松软的道路做训练，合理调整运动量，注意跑的动作。

第三，跨栏运动。

常见创伤：跨栏最易发生大腿后肌肉拉伤、腰痛及髌骨软骨病等。

预防：应注意训练制度的安排，跨跳姿势的矫正，以及栏的安放位置及方向；加强大腿后群肌肉的伸展性练习；做好准备活动。

第四，跳高、跳远、三级跳和撑竿跳运动。

常见创伤：最常见的外伤是踝关节韧带损伤或骨折、足跟挫伤、膝关节的韧带与半月板损伤、前臂骨折及肩部挫伤。这些创伤的发生，可见于下列情况，如助跑时撞到别人身上，跑道不平或太滑，沙坑太硬或有石块，坑沿太高；也有数例因跳高落地时肩部撞地而引起肩锁关节分离的病例。撑竿跳，除上述创伤外，还可因竿的折断或不正确的落地，而引起头及脊柱的伤害，但较少见。

预防：要正确掌握技术动作，训练前要认真检查沙坑、跑道。撑竿跳训练前认真检查竿的质量、跳坑的安全条件，起跳后要注意保护。

第五，投掷运动。

常见创伤：投掷项目常见的损伤是肩、肘关节的肌肉、韧带，严重者还可以引起肱骨骨折，主要是投掷技术动作不正确引起的。铁饼运动员由于膝关节经常处于蹲位发力或扭转用力，易引起髌骨劳损。推铅球时，技术有缺点，球从指间向后滑出，引起掌指关节扭伤。掷链球最常见的损伤是斜方肌拉伤。

预防：注意合理的技术动作，注意掌握运动量。

第六，竞走运动。

常见创伤：竞走运动中，因运动负荷安排不当，膝关节长时间地在一定范围内做屈伸活动，使膝外侧的髂胫束不断地前后滑动，与股骨外踝发生反复摩擦，导致膝外侧滑囊损伤。

预防：合理安排训练，避免单一的训练方法，防止局部负荷过多，这是预防创伤性腱鞘炎的主要措施。同时，运动前做好充分的准备活动；运动中或运动后，对负荷较大或易伤的部位进行局部按摩或热敷，都有利于该伤的预防。

（2）球类运动

我国球类活动比较普遍，篮球、足球、排球在群众中尤受欢迎，因此，球类活动引起的创伤也很常见。

第一，篮球运动。

常见创伤：最常见的创伤是因跌倒、跳起抢球落地不正确（踩在别人脚上或被踩），急停、急转、冲撞或因场地不平，或场地过滑而引起的急性创伤。外伤最轻的仅仅是一点擦伤，重的可能发生骨折或脱位。一般较常见的有踝关节韧带的损伤或骨折、膝的韧带半月板损伤、指挫伤及腕部舟状骨骨折。另外，在篮球运动中也可发生慢性创伤，其中最影响运动训练与技术发挥的是髌骨软骨病，其主要是由于滑步进攻与攻守、急停与踏跳上篮等局部训练过多所致，应引起注意。

预防：加强全面训练，避免单打一的训练方法，创造合乎标准的场地条件。同时，应注意运动员的过度疲劳状态，以减少发生创伤的可能性。

第二，足球运动。

常见创伤：足球运动是创伤发生率最高的运动项目之一。外伤程度，最轻的是擦伤，重的可能有骨折、脱位及内脏破裂。损伤中除一般常见的擦伤及挫伤外，踝关节的扭伤最常见。其次是大腿前后肌肉拉伤、挫伤，膝关节损伤又次之。

预防：除加强政治思想工作和全面训练原则外，必须注意使用各种保护装置。训练和比赛时使用绷带裹踝，防止踝扭伤与"足球踝"的必要性，开始时踝的动作因不习惯而不太灵活，但换来的是长久的踝灵活。此外，为了预防肘、膝小腿挫裂伤，也应使用护肘、护膝及护腿。

第三，排球运动。

常见创伤：排球运动的损伤，主要集中在肩部、肘部和脚腕部。肩部最主要的受伤原因便是在用力击球时，肘关节超过了肩关节，使得肩部肌肉和韧带被过分拉长，出现肌肉拉伤的现象。肘部的伤病俗称"网球肘"，其根源是由于腕部活动太多而造成的。人体关节中，脚腕部是最易受伤的关节。

预防：应注意改正错误的技术，遵循训练原则，改善场地卫生条件，使用厚护膝及护腰。在准备活动时，应特别注意肩、膝、腰、指及腕关节的活动。

第四，棒球运动。

常见创伤：最常见的是肩关节周围的软组织伤，肘骨关节病，肱骨的内部髁骨及肌腱的损伤，以及指挫伤。

预防：在每次运动之前必须进行适当的肌肉热身和肌肉的拉伸活动。棒球的运动服装应该合身；穿适当的保护装备，如头盔、手套等；避免劳损，注意训练量和比赛时的不同运动负荷；接球手要求面部戴面具，同时，要求咽喉与胸部之间应该填充保护物；要求运动员穿适当的护具、护踝夹板等。

（3）游泳与跳水运动

游泳与跳水是受人喜爱的体育活动。然而，初学跳水者若是跳水时不注意安全，很容易发生颈椎损伤事故，造成严重后果，甚至导致死亡。

常见创伤：游泳肩、背部损伤、头部损伤、颈椎的损伤、膝关节损伤、耳损伤、手腕损伤、骨折、皮肤疾病、呼吸科疾病、胃肠道疾病等。

预防：为了防止颈椎损伤事故，对初学跳水者，首先要加强安全教育，强调跳水及入水的技术要领，不可在浅水游泳池或在未摸清水底情况的江河湖泊中跳水；练习跳水前的准备活动一定要充分，必须将四肢、腰背、头颈、关节充分活动开。

（4）雪上运动

滑雪运动多在高低不平的山地上进行，并且还有从山上急速滑下和跳板滑雪等动作，这些动作较难掌握。如果疏忽，创伤也较严重，甚至造成死亡。

常见创伤：滑雪运动可能发生各种创伤，其中最常见的是膝关节创伤，其次是踝关节损伤、腰椎骨折。此外，滑雪者还常常发生冻伤。

预防：为了预防跳板滑雪时的创伤，必须注意场地卫生设备和用具。训练时，应先在小的或教学用的跳板上进行，待有了良好的训练和技术水平后，再在大跳板上练习。为了预防冻伤，必须穿上合宜的服装和鞋子。

（5）射击运动

射击的枪种及比赛种类很多，创伤较少。

常见创伤：如桡骨茎突腱鞘炎，腰肌劳损或姿势性脊柱侧等，尺神经麻痹和肩胛上神经麻痹。另外也常发生震动性耳聋。由于在寒冷的天气或在潮湿的场地上，长时间的静止性卧位练习，也常常引起关节风湿病。

预防：加强一般身体训练，特别是腰肌及上肢的肌力练习；避免一次或多次训练课中单一姿势的射击练习。射击时应使用耳塞；注意保暖，如卧射时应着棉衣，铺厚垫子；做好练习前、中、后的辅助及整理活动。由于射击是一种较静止的运动，准备活动不能出汗，否则易伤风感冒或引起关节风湿病。另外，在准备活动中，应注意腰肌及上肢的辅助练习。为了消除练习中的静止性疲劳及防止脊柱畸形，练习中间和练习后练体操或太极拳较好。练习后，消除疲劳的内容也可以包括一些活动性游戏。

2.自我监督

自我监督又称自我检查，就是运动者在体育锻炼过程中，连续观察自己的健康状态和生理功能变化，防止过度疲劳和运动性损伤发生，更有利于健康水平的提高。经常地自我监督可以增进信心，坚持科学锻炼，防止运动过量或不足，对提高锻炼效果和养成运动卫生习惯等都有重要意义。

自我监督的内容包括主观感觉和客观检查。要从几个方面去自我监督：精神状态、自我感觉、睡眠状态、饮食情况、排汗量、心率、体重、肺活量、血压和心电图。

3.自我保护

熟悉和掌握必要的自我防护知识，认识自我、了解自我，对于预防损伤、减少受伤的频率有十分积极的意义。

（1）运动场所和用具

合理选择运动的场所和设施，对提高运动效果、运动成绩，以及预防意外事故都是很重要的。运动过程中时刻伴随着多种危险因素，每个人都应根据自己周围的具体情况而做出合理的选择。因地制宜地选择空气清新、环境安静的公园及学校的运动场等，并应注意多与大家一起锻炼，这样更能增加运动的兴趣性和提高运动情绪，进而保证运动效果。

（2）运动服装和运动鞋

运动服装和运动鞋应符合各项目运动的要求。合适的运动服装和运动鞋是防止运动失误的前提，不应当轻视。因此，人们在运动锻炼时，最好能穿运动服和运动鞋，这样既舒适轻便，有利于做各式动作，又能增加动作美感和自我保护作用。

第一，运动服。

运动服不仅要选择宽松、柔软、弹性好的，还要选择色彩明快、吸水性好的。冬、夏装应区别开来，冬季天气寒冷，要穿质地厚的运动服，以利于运动和保温；夏季炎热，可穿轻而薄或半袖的运动服，以便于散发热量，如直射日光强时还应戴帽子，并注意尽量减少皮肤的暴露。总之，要根据气候变化选择合适的运动服，避免中暑、感冒及紫外线的照射等。

第二，运动鞋。

对于经常慢跑的人来说，运动鞋的选择非常重要，运动鞋质地的好坏，尺寸是否合适，直接影响足部及下肢关节的健康。良好的运动鞋应具备透气性好、鞋面舒适贴脚和鞋底有弹性等特点。透气性不好的鞋，容易滋生细菌，诱发各种脚气病。鞋里面要平滑柔软，脚趾应有足够的伸展空间，避免脚部与鞋帮产生摩擦，以免跑步时脚部被挤压而擦伤。鞋底要有一定的厚度，有较好的弹性，无弹性的运动鞋容易造成下肢关节疼痛。另外，鞋还要轻，结实耐用，鞋底落地时稳定性好等。有脚气、脚癣的人，还应注意穿棉线袜，鞋垫要保持干净，经常洗、晒。

参 考 文 献

[1]刘景堂.高校体育教学改革研究[M].北京：中国纺织出版社有限公司，2020.

[2]张京杭.高校体育教学方法实践探索[M].北京：现代出版社，2019.

[3]邱天.高校体育创新思维的教学与实践[M].厦门：厦门大学出版社，2020.

[4]郝英.高校体育教学俱乐部的组织与设计[M].北京：九州出版社，2019.

[5]孙丽娜."以人为本"高校体育教育研究[M].天津：天津科学技术出版社，2020.

[6]温正义.高校体育教学与大学生体育实践能力培养研究[M].北京：北京工业大学出版社，2020.

[7]杨乃彤，王毅.高校体育教学创新及运动教育模式应用研究[M].北京：九州出版社，2019.

[8]韩芳.高校体育教育立德树人协同发展研究[M].北京：中国商务出版社，2020.

[9]蔡文锋，刘亚飞，田登辉.高校体育教学改革理论与方法多维探究[M].北京：九州出版社，2020.

[10]马顺江."互联网+教育"背景下高校体育教学创新思路研究[M].沈阳：辽宁大学出版社，2020.

[11]刘涧，郑蓓蓓.现代高校体育教学改革实践与路径探索研究[M].北京：北京工业大学出版社，2020.

[12]张斌.高校体育篮球教学改革研究[M].北京：北京出版社，2021.

[13]董艳芬.高校体育文化理论与实践研究[M].北京：北京工业大学出版社，2019.

[14]高健，孙旭静.高校体育文化教育与运动研究[M].北京：北京工业大学出版社，2019.

[15]赵丰超.高校体育与壁球技术训练研究[M].北京：中国书籍出版社，2021.

[16]郝乌春，牛亮星，关浩.新时代背景下高校体育教学改革与发展研究[M].北京：中国商业出版社，2021.

[17]鹿道叶.高校体育教学设计与实践研究[M].西安：西安交通大学出版社，2022.

[18]刘海荣，冯强明，胡晶.新时代高校体育与健康教程[M].天津：天津大学出版社，2022.

[19]张亚平，杨龙，杜利军.高校体育教学理念及模式创新研究[M].北京：中国商业出版社，2022.

[20]马健勋.高校体育教学与科学训练[M].北京：北京工业大学出版社，2022.

[21]张萍.现代高校体育教学与运动训练研究[M].哈尔滨：哈尔滨出版社，2022.

[22]任翔，张通，刘征.高校体育教学模式创新研究与实践[M].沈阳：辽宁人民出版社，2023.

[23]陈辉.高校体育教学探索与模式构建研究[M].北京：北京工业大学出版社，2021.

[24]栾朝霞.高校体育教学改革与健康教育研究[M].北京：北京工业大学出版社，2021.